MAXIM NIEHAUS

Reisgerichte

KOCHBUCH

Email: info@edition-lunerion.de
www.edition-lunerion.de

Psiana eCom UG
Berumer Str. 44
26844 Jemgum

Vorwort

Italienisches Risotto, griechischer Tomatenreis, orientalische Reiscreme oder die schier grenzenlose Vielfalt asiatischer Reisgerichte – das Grundnahrungsmittel Nr. 1 für viele Kulturen hat eine unvergleichliche Fülle an köstlichen Rezepten hervorgebracht. Und wenn Sie sich durch die ganze Vielfalt durchprobieren möchten, dann ist dieses Kochbuch genau das Richtige für Sie!

Reis ist glutenfrei, enthält reichlich Magnesium, Kalzium und Phosphor, versorgt mit B-Vitaminen, sättigt langanhaltend und punktet auch bei der schlanken Linie: Reis ist nicht nur ein Grundnahrungsmittel in vielen Ländern, sondern dazu auch noch ein gesundes. Zusammen mit seiner unschlagbaren Vielseitigkeit sorgt es für einen reichen Schatz an Leckereien, bei denen für wirklich jeden Geschmack etwas geboten ist: Ob mediterran, orientalisch, asiatisch, osteuropäisch oder südamerikanisch, die internationale Reisküche hat von leicht und frisch über würzig und intensiv bis hin zu deftig-herzhaft eine Riesenauswahl an Gerichten hervorgebracht, bei der Veggies, Fleisch- und Fischfreunde sowie Naschkatzen gleichermaßen Hochgenuss entdecken.

INHALT

Wissenswertes 1

Kulturelle Bedeutung *1*

Anbau *2*

Reissorten *2*

Nährstoffe *3*

Frühstück 4

Reis-Porridge Mango *5*

Reisflocken-Vanille-Frühstück *6*

Frühstücksreis *7*

Pikanter Frühstücksreis *8*

Reis-Omelett *9*

Bananen-Kokos-Reis *10*

Quarkreis *11*

Reisporridge mit Zimtbananen *12*

Frühstücksreisbowl *13*

Salate 14

Reissalat Klassik *15*

Reissalat mit Avocadocreme *16*

Reissalat Mexiko *17*

Reissalat Bombay *18*

Thunfisch-Reissalat *19*

Greek Style *20*

Suppen 21

Reissuppe *22*

Reis-Zucchini-Suppe *23*

Reis-Süsskartoffel-Suppe *24*

Reissuppe mit Rindfleisch *25*

Reissuppe mit Schweinefleischbällchen *26*

Tomaten-Reissuppe *27*

Reissuppe mit Pilzen *28*

Reissuppe mit Wolfsbarsch *29*

Reissuppe mit Huhn *30*

Brote 31

Reisbrot *32*

Vollkorn-Reisbrot *33*

Reis-Zucchini-Brot *34*

Reis-Mais-Brot *35*

Milchreisbrot *36*

Hauptgerichte mit Fleisch & Geflügel 37

Reis Balkan-Art *38*

Rindfleisch mit Bratreis *39*

Reisbowl mit Rindfleisch *40*

Reis mit Korianderschoten und Schweinefilet *41*

Brokkoli-Hähnchen-Reispfanne *42*

Curryreis mit Hühnchen *43*

Hauptgerichte mit Fisch & Meeresfrüchten 44

Reis mit Joghurt-Fisch *45*

Fisch-Reis-Pfanne *46*

Spinatreis mit Fischfilet *47*

Meeresfrüchte mit Reis an Orangensauce *48*

Garnelen-Tomaten-Reis 49
Garnelen-Gemüse-Reis 50
Garnelen mit Kokos-Zitronen-Reis 51

Vegetarische Gerichte 52
Feta-Gemüse-Reispfanne 53
Italienische Reispfanne 54
Paprika gefüllt mit Spinatreis 55
Kürbisrisotto 56
Pilzrisotto 57
Reispfanne mit Frischkäse 58
Griechischer Tomatenreis 59
Reistortilla 60
Reis mit Ziegenkäse und Pesto 61

Vegane Gerichte 62
Reis Mit Tofu 63
Rübli-Reistaler 64
Currypfanne 65
Brokkoli-Reis mit Sesamtofu 66
Reispfanne 67

Fingerfood & Snacks 68
Reisbällchen 69
Reisbällchen Mozzarella 70
Reisburger 71
Kroketten mit Reis und Käse 72
Reisspieße mit Maiskruste 73
Reiswaffeln 74

International 75

Chop Suey *76*

Gyudon *77*

Paella *78*

Libanesische Reis-Fisch-Pfanne *79*

Koreanische Reisschale *80*

Bibimbab *81*

Djuvec-Reis *82*

Desserts 83

Reiskuchen *84*

Kokosreis mit Mango *85*

Milchreis mit Apfel-Zimt-Kompott *86*

Reispudding *87*

Reisauflauf mit Kirschen *88*

Reiscreme mit Apfelkaramell *89*

Orangen-Reiscreme *90*

Rhabarber-Reiscreme *91*

Orientalische Reiscreme *92*

Getränke 93

Reismilch *94*

Beeriges Reisgetränk *95*

Sake Cocktail *96*

Erdbeer-Milchreis-Drink *97*

Kokos-Reis-Drink *98*

Horchate – Reismilch mit Zimt *99*

Wissenswertes

Reis gehört zu den Grundnahrungsmitteln. In Asien stellt Reis sogar die ausschließliche Nahrungsgrundlage für einen Großteil der Bevölkerung dar. Betrachtet man die weltweite Getreideernte, zählt Reis neben Weizen zu den wichtigsten Getreidesorten für den Menschen.

KULTURELLE BEDEUTUNG

Reis ist in vielen Ländern Kulturgut. Interessant ist hierbei, dass das Wort Reis in einigen Ländern gleichgesetzt wird mit der Bedeutung Mahlzeit oder Essen. Es gibt dann beispielsweise kein Mittag„essen“, sondern Mittags„reis“. Auch in Sprichwörtern kommt die Bedeutung des Reises zur Geltung. So wünscht man sich in China zu Neujahr: „Möge dein Reis nie anbrennen.“ In Japan gilt einer alten Weisheit nach eine Mahlzeit ohne Reis nicht als richtige Mahlzeit. In Asien wird dem Reis eine große symbolische Bedeutung zugeschrieben. So gilt er in manchen Regionen als heilig. Er darf hier nicht verschwenderisch genutzt und auch nicht weggeworfen werden.

Ein Brautpaar mit Reis zu bewerfen, soll als Symbol der Fruchtbarkeit und des Lebens gelten. So wünscht man dem Brautpaar viele Kinder und Glück. Man vermutet auch, dass dieser Brauch aus China stammt.

ANBAU

Die Reispflanze der Gattung Oryza ist einjährig. Sie müssen demnach jährlich neu gepflanzt werden. Bis zu 3.000 Körner kann eine einzelne Pflanze tragen.

Laut Forschungen wurde Reis bereits vor knapp 7.000 Jahren in Asien angebaut. In Europa wird Reis vor allem in Italien und Spanien angebaut.

Idyllische Reisterrassen sind eine Möglichkeit des Reisanbaus. Hauptsächlich unterscheidet man bei der Anbaumethode zwischen Trockenanbau und Nassanbau, zu welchem die Terrassen zählen.

Beim Nassanbau greift man auf jahrhundertelange Erfahrung zurück, was auch bedeutet, dass das Aussäen und die Ernte von Hand erfolgen. Die Terrassen werden dann mit Hilfe von Wassersystemen geflutet. Das Wasser schützt die Pflanzen vor Unkraut und Schädlingen. Noch mehr Arbeit ist mit dem Trockenanbau verbunden. In Gebieten mit wenig Niederschlag kann diese Methode angewandt werden. Reis aus Trockenanbau hat häufiger einen besonderen Eigengeschmack.

REISSORTEN

Auf der Welt gibt es über 120.000 Reissorten. Die vordergründige Unterscheidung bei Reis besteht zunächst in Langkornreis und Rundkornreis. Zu den Langkornreissorten zählt man Körner mit einer Länge über 6 mm. Hingegen sind Rundkornreiskörner kleiner als 5,2 mm. Eine weitere Unterscheidung in den bereits genannten Sparten besteht darin, ob die Reiskörner trüb oder durchscheinend sind. Je nach Gericht werden andere Reissorten benötigt. Hier sollen nun ein paar wenige gängige Reissorten aufgezählt werden.

Die ovalen Körner des Arborio-Reises eignen sich vor allem für Risotto. In der orientalischen Küche wird überwiegend Basmati-Reis genutzt. Basmati bedeutet „duftend“, er gilt als sehr aromatisch. Den Bomba-Reis findet man vor allem in der spanischen Küche. Diese Reissorte hat sehr wenig Stärke und bleibt daher bissfester beim Kochen. Für Nachspeisen mit Reis, vor allem im japanischen Bereich, wird der Süßreis (Mochi) genutzt. Er ist allerdings gar nicht süß, sondern eher geschmacksneutral. Der Jasmin-Reis hat seinen Namen tatsächlich durch seinen Duft. Beim Kochen soll ein Duft, dem Jasmin ähnelnd, entstehen. Neben vielen anderen neutralen Sorten hat der Jasminreis einen Eigengeschmack.

Überdies hinaus gibt es auch noch schwarzen Reis, roten Reis, grünen Reis, Braunreis und unendlich viele mehr.

NÄHRSTOFFE

Je nach Reissorte variieren auch ihre Nährstoffe. Reis ist zunächst einmal glutenfrei, enthält viel Magnesium, Kalzium und Phosphor. Ebenso werden viele B-Vitamine über den Reis in den Körper aufgenommen. Ein ebenfalls gesundheitlicher Vorteil ist der geringe Fettgehalt von Reis. Reis macht satt, hat wenig Fett, der Proteingehalt ähnelt dem von frischem Fisch – genau das Richtige also für eine bewusste Ernährung.

Frühstück

REIS-PORRIDGE MANGO

2 Port.

15 Min.

Leicht

Zutaten

1 TL Kokosöl
200 g Vollkornreis, gekocht
1 EL Leinsamen
200 ml Kokosmilch
2 EL Ahornsirup
200 g Mango
2 EL Ahornsirup
1 EL Kokosflocken
Saft einer Limette
1 TL Zimtpulver

Nährwerte p. P.

614 kcal
Kohlenhydrate: 74 g
Fett: 30 g
Eiweiß: 7 g

1 Den Reis mit Kokosöl, Kokosmilch und Zimt in einen Topf geben, warm werden lassen und sieben Minuten köcheln lassen. Anschließend den Leinsamen unterrühren.

2 Die Mangostücke hinzugeben und mit Ahornsirup, Kokosflocken und Limettensaft verfeinern.

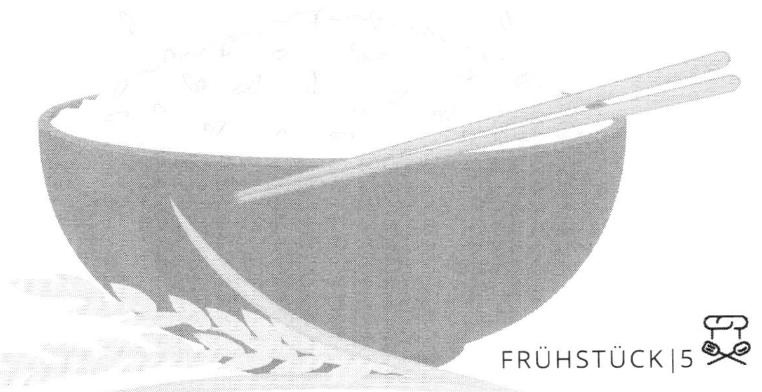

REISFLOCKEN-VANILLE-FRÜHSTÜCK

1 Port. 30 Min. Leicht

Zutaten

50 g Reisflocken
1 TL Flohsamenschalen
400 ml Pflanzendrink
Vanilleextrakt
1 TL Proteinpulver, vegan
Chiapudding
6 TL Wasser
1 TL Chiasamen
½ TL Kakaopulver
2 TL Soja-Joghurt
Reissirup
Toppings
100 g Erdbeeren
Nüsse

Nährwerte p. P.

524 kcal
Kohlenhydrate: 66 g
Fett: 14 g
Eiweiß: 22 g

1 Die Chiasamen im Wasser quellen lassen. Anschließend mit Joghurt, ein wenig Reissirup und Kakaopulver verrühren.

2 Flohsamenschalen, Reisflocken, Proteinpulver und Pflanzendrink in einen Topf geben und aufkochen lassen. Die Temperatur herunterdrehen, hin und wieder umrühren und andicken lassen.

3 Das Porridge mit dem Vanilleextrakt nach eigenem Geschmack verrühren.

4 Mit Chiapudding, Nüssen und Beeren servieren.

FRÜHSTÜCKSREIS

 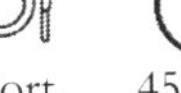 

1 Port. 45 Min. Leicht

Zutaten

150 g Basmatireis
1 Vanilleschote
4 EL Ahornsirup
30 g Kokosraspeln
200 ml Mandeldrink
1 Prise Salz
100 ml Wasser
Weintrauben
Heidelbeeren
Trockenfrüchte

Nährwerte p. P.

976 kcal
Kohlenhydrate: 173 g
Fett: 22 g
Eiweiß: 13 g

1 Die Vanilleschote der Länge nach aufschneiden und das Mark herauskratzen.

2 Den Reis mit dem Mandeldrink, 100 ml Wasser, dem Vanillemark, dem Ahornsirup und einer Prise Salz zum Kochen bringen.

3 Den Deckel auflegen, die Hitze minimieren und 20 Minuten garen.

4 Die Herdplatte ausschalten und weitere 20 Minuten ziehen lassen.

5 Die Früchte klein schneiden und zusammen mit den Kokosraspeln unter den Reis heben.

PIKANTER FRÜHSTÜCKSREIS

4 Port.

30 Min.

Leicht

Zutaten

4 EL Rosinen
6 Kardamomkapseln
4 Nelken
2 Zimtstangen
550 ml Wasser
250 g Basmatireis
4 Datteln
2 Birnen
3 EL Mandelblättchen

Nährwerte p. P.

354 kcal
Kohlenhydrate: 66 g
Fett: 5 g
Eiweiß: 7 g

1 Die Datteln von den Steinen befreien und ganz fein hacken.

2 Jeweils die Hälfte der Nelken, des Zimts und des Kardamons in einem Topf anbraten. Anschließend wieder herausnehmen und die Mandeln hinzugeben und anbraten.

3 Den Reis mit den Datteln und den Rosinen mit in den Topf geben und ganz kurz anbraten. Mit Wasser ablöschen und 15 Minuten einkochen lassen.

4 Die Birnen in ganz feine Scheiben schneiden.

5 Einen weiteren Topf mit den übrigen Gewürzen und den Birnen befüllen. Mit dem restlichen Wasser angießen und vier Minuten einkochen lassen.

6 Den Reis portionieren und mit den Birnen garnieren.

REIS-OMELETT

1 Port. 7 Min. Leicht

Zutaten

2 Eier
170 g Reis, gekocht
Pfeffer und Salz
1 Möhre
2 Frühlingszwiebeln
1 EL Pflanzenöl

Nährwerte p. P.

484 kcal
Kohlenhydrate: 56 g
Fett: 21 g
Eiweiß: 14 g

1 Die geschälte Möhre ganz fein reiben.

2 Die Frühlingszwiebeln in dünne Ringe schneiden.

3 Den Reis mit den Lauchzwiebeln, Eiern, Möhre, Pfeffer und Salz vermengen.

4 Öl in einer Pfanne erhitzen und die Masse darin verteilen. Sobald die Masse stockt, einmal wenden und fertig braten.

BANANEN-KOKOS-REIS

4 Port. 20 Min. Leicht

Zutaten

250 g Milchreis
30 g Butter
600 ml Milch
50 g Kokosraspeln
Prise Vanillepulver
Prise Salz
2 Bananen
Ahornsirup

Nährwerte p. P.

978 kcal
Kohlenhydrate: 142 g
Fett: 33 g
Eiweiß: 23 g

1 Die Butter in einem Topf schmelzen.

2 Den Milchreis hinzugeben und dünsten. Mit Milch ablöschen.

3 Die Bananen klein schneiden und zum Milchreis geben.

4 Kokosraspeln, Vanillepulver, Salz und Ahornsirup untermengen und zehn Minuten köcheln lassen. Hin und wieder umrühren.

QUARKREIS

4 Port.

20 Min.

Leicht

Zutaten

200 g Basmati-Reis
2 EL Erdnusskerne
3 EL Agavendicksaft
500 g Sojaquark
4 EL Haferflocken
1 TL Kokosöl
400 g Erdbeeren
4 TL Erdnussmus
½ TL Zimt
4 TL Leinsamen, geschrotet
800 ml Wasser

Nährwerte p. P.

443 kcal
Kohlenhydrate: 60 g
Fett: 14 g
Eiweiß: 16 g

1 Wasser in einem Topf erhitzen und den Reis dazugeben. Einmal gut umrühren und den Deckel auflegen. Die Hitze herunterdrehen und zehn Minuten köcheln lassen.

2 Zwei Esslöffel Agavendicksaft mit dem Sojaquark vermengen. Die Erdnüsse hacken und das Kokosöl in einer Pfanne erwärmen. Leinsamen, Nüsse, Haferflocken, übrigen Agavendicksaft und Zimt hinzufügen und fünf Minuten karamellisieren lassen. Anschließend auf einen Teller geben und gut auskühlen lassen.

3 Die gewaschenen Erdbeeren in Viertel schneiden.

4 Den Reis abgießen und wieder in den Topf geben, weitere drei Minuten ruhen lassen.

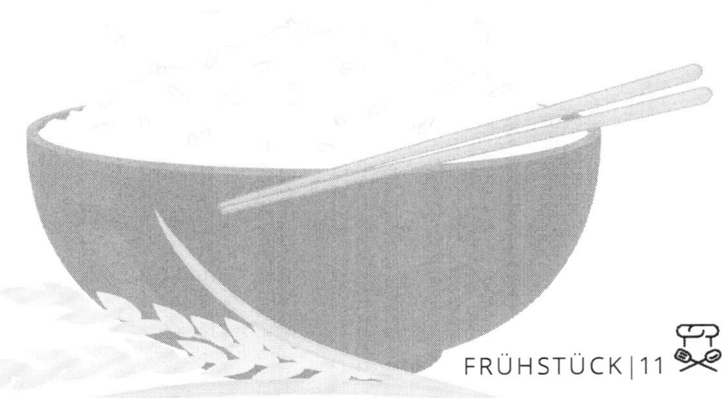

REISPORRIDGE MIT ZIMTBANANEN

2 Port.

15 Min.

Leicht

Zutaten

50 g Cashewkerne
Prise Salz
2 TL Reissirup
¼ TL Kardamom
200 g brauner Reis, gekocht
2 TL Kokosöl
2 Bananen
¼ TL Zimt
200 ml Wasser
½ Apfel
2 TL Hanfsamen

Nährwerte p. P.

757 kcal
Kohlenhydrate: 81 g
Fett: 43 g
Eiweiß: 8 g

1 200 ml Wasser, Cashewkerne, einen Teelöffel Reissirup und eine Prise Salz in einem Mixer pürieren.

2 Den Reis mit 200 ml der pürierten Cashewmilch und Kardamon in einem Topf vermengen und bei niedriger Stufe fünf Minuten erhitzen. Hin und wieder umrühren.

3 Die Bananen in Scheiben schneiden. Eine Pfanne erhitzen und Zimt, Kokosöl und Reissirup hineingeben. Die Hitze herunterdrehen und die Mischung zum Blubbern bringen.

4 Die Bananen hinzugeben und die Bananenscheiben karamellisieren lassen. Hin und wieder schwenken und abschließend das Zimt-Kokos-Sirup-Gemisch über die Bananen träufeln.

5 Das Porridge auf die Schüsseln verteilen, die Bananen darauf verteilen. Den Apfel in Scheiben schneiden und ebenfalls darauf geben und mit Hanfsamen bestreuen. Alles mit reichlich Cashewmilch übergießen.

FRÜHSTÜCKSREISBOWL

1 Port.

20 Min.

Leicht

Zutaten

7 g Chili
300 g Reis, gekocht
2 Scheiben Speck
1 Knoblauchzehe
2 Frühlingszwiebeln
1 EL Sesamöl
1 Ei
1 ½ EL Sojasauce
Salz
Chili

Nährwerte p. P.

816 kcal
Kohlenhydrate: 92 g
Eiweiß: 20 g
Fett: 41 g

1 Den Knoblauch und die Chili ganz klein hacken. Die Frühlingszwiebeln in feine Ringe schneiden. Die grünen Anteile zur Seite stellen. Sie werden zum Garnieren benötigt.

2 Den Speck zunächst klein schneiden und ohne Zugabe von Fett in einer Pfanne braten.

3 Die weißen Zwiebelringe mit Sesamöl, Chili und Knoblauch zum Speck in die Pfanne geben und eine Minute anbraten.

4 Den Reis untermengen und kurz mitbraten. Mit Sojasauce verfeinern. Wenn der Reis braun wird, kann das Ei hineingeschlagen werden. Alles gut verrühren und mit Salz würzen.

5 In einer Schüssel anrichten und mit den grünen Zwiebelringen garnieren.

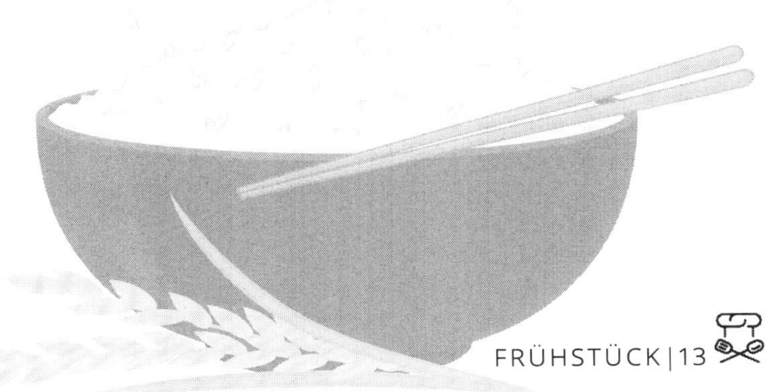

Salate

REISSALAT KLASSIK

6 Port. 20 Min. Leicht

Zutaten

Reis
150 g Langkornreis
1 EL Gemüsebrühe
225 ml Wasser
Salat
1 Dose Mais
150 g Radieschen
½ Salatgurke
1 rote Paprika
100 g Kirschtomaten
10 g Schnittlauch
½ Bund Frühlingszwiebeln

Dressing
2 EL Honig, flüssig
3 EL Pflanzenöl
1 EL Orangensaft
1 Msp. Pfeffer
¼ TL Salz
2 - 3 TL Senf

Nährwerte p. P.

172 kcal
Kohlenhydrate: 22 g
Fett: 6 g
Eiweiß: 3 g

1 Den Reis nach Anweisung zubereiten und zusätzlich das Brühepulver zum Wasser hinzugeben. Den Reis anschließend abseihen.

2 Eine große Schüssel nehmen und alle Zutaten für das Dressing miteinander verrühren.

3 Den Mais abgießen. Die Gurke von den Kernen befreien und in Würfel schneiden. Die gewaschene Paprika ebenfalls entkernen und würfeln. Die Radieschen stifteln und die Tomaten halbieren. Die Frühlingszwiebeln in Ringe und den Schnittlauch in Röllchen schneiden.

4 Den abgekühlten Reis zum Dressing geben und das Gemüse hinzufügen. Erst direkt vor dem Servieren umrühren.

5 Mit Frühlingszwiebeln und Schnittlauch garnieren.

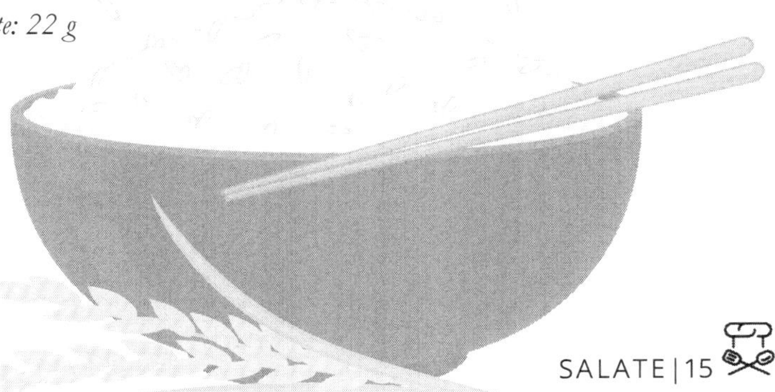

REISSALAT MIT AVOCADOCREME

4 Port. 30 Min. Leicht

Zutaten

200 g Langkornreis
450 ml Wasser
1 Salatgurke
Prise Salz
400 g Kidneybohnen
1 Bund Frühlingszwiebeln
250 g Cherrytomaten
50 g frische Petersilie
150 g Mini Romana
12 g frische Minze
2 Avocado
1 Limette
200 g Naturjoghurt
Prise Pfeffer

Nährwerte p. P.

509 kcal
Kohlenhydrate: 77 g
Eiweiß: 19 g
Fett: 17 g

1 Das Wasser salzen und zum Kochen bringen. Den Reis dazugeben, den Deckel auflegen und zwölf Minuten ziehen lassen. Ab und zu umrühren.

2 Die gewaschene Gurke schälen und klein würfeln. Die Tomaten in Viertel schneiden, die Frühlingszwiebeln in Ringe, die Bohnen abseihen. Den gewaschenen Salat in feine Streifen schneiden und die Minze und die Petersilie ganz fein hacken.

3 Den Saft aus der Limette pressen, das Fleisch aus der Avocado lösen. Die Avocado gemeinsam mit dem Joghurt pürieren, die Hälfte der gehackten Kräuter beimengen und mit Pfeffer, Salz und Limettensaft abschmecken.

4 Die restlichen Kräuter und die Zwiebelringe mit dem Reis verrühren. In einem Gefäß den Reis, dann die Gurken, Tomaten, Salat, Kidneybohnen und Dressing schichten und vor dem Servieren gut durchmengen.

REISSALAT MEXIKO

4 Port. | 2 Std. 25 Min. | Leicht

Zutaten

Salat
100 g TK-Erbsen
2 Tassen Reis
2 Paprikaschoten, gelb
4 Tassen Gemüsebrühe
150 g Mais aus der Dose
2 Lauchzwiebeln
1 Dose Kidneybohnen

Dressing
3 EL Rapsöl
2 EL Essig
140 g Tomatenmark
7 EL Sahne
Zucker, Salz, Cayenne-pfeffer, Paprikapulver, Kräuter
125 g Feta-Käse

Nährwerte p. P.

573 kcal
Kohlenhydrate: 79 g
Eiweiß: 20 g
Fett: 18 g

1 Die Gemüsebrühe zum Kochen bringen und den Reis darin nach Anweisung auf der Packung kochen. Die Erbsen für drei Minuten in kochendes Wasser geben und anschließend abschrecken.

2 Die Lauchzwiebeln und die Paprika klein schneiden. Den Reis mit dem Gemüse, den Kidneybohnen und dem Mais vermischen.

3 Öl, Sahne, Essig und Tomatenmark verrühren und mit den Gewürzen abschmecken. Das Dressing und den Reis miteinander vermengen und für zwei Stunden durchziehen lassen.

4 Den Feta klein bröseln und den Salat damit garnieren.

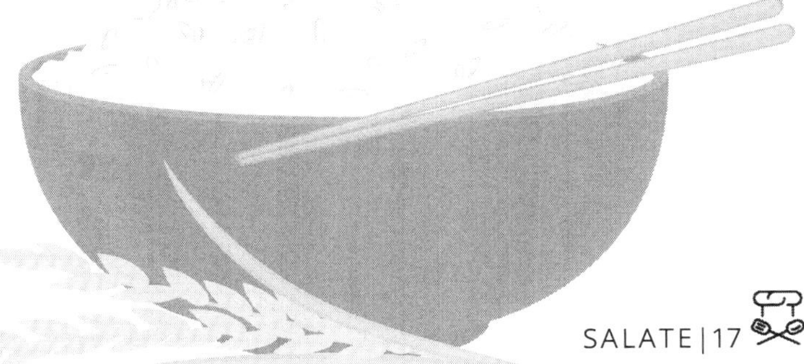

REISSALAT BOMBAY

6 Port.

25 Min.

Leicht

Zutaten

150 g TK-Erbsen, aufgetaut
200 g Reis
1 Paprika, rot
1 Dose Mandarinen
1 Dose Mais
3 Frühlingszwiebeln
175 g Fleischwurst, vegan

Dressing
150 g Mayonnaise, vegan
150 g Pflanzenjoghurt
1 TL Knoblauchpulver
2 TL Currypulver
Salz und Pfeffer
1 TL Paprikapulver
½ TL Kurkuma

Nährwerte p. P.

1340 kcal
Kohlenhydrate: 82 g
Fett: 93 g
Eiweiß: 30 g

1 Den Reis mit der doppelten Menge Wasser und einem halben Teelöffel Salz wie auf der Packung angegeben in einen Topf geben und 20 Minuten garen lassen. Gut abkühlen lassen, hin und wieder durchrühren.

2 Den Mais und die Mandarinen abtropfen lassen, die Paprika fein würfeln und die Zwiebeln in feine Ringe schneiden. Die Wurst ebenfalls fein würfeln.

3 Alle Zutaten für das Dressing miteinander verrühren.

4 Das Dressing mit dem Gemüse und dem Reis in einer großen Schüssel vermengen. Die Mandarinen erst zum Schluss unterheben.

THUNFISCH-REISSALAT

4 Port.

40 Min.

Leicht

Zutaten

2 Dosen Thunfisch
250 g Parboiled Reis
1 Bund Petersilie
200 g Kirschtomaten
1 Dose Mais, klein
5 EL Balsamico, hell
4 EL Rapsöl
1 Knoblauchzehe
½ Bund Lauchzwiebeln
1 Paprika, rot
Pfeffer und Salz

Nährwerte p. P.

425 kcal
Kohlenhydrate: 55 g
Fett: 11 g
Eiweiß: 22 g

1 Den Reis nach Packungsanweisung zubereiten. Den Thunfisch abtropfen lassen. Die gewaschenen Tomaten halbieren.

2 Die Zwiebeln in dünne Ringe schneiden, die Paprika halbieren, entkernen und fein würfeln. Die Petersilie hacken.

3 Den Reis abschrecken und abtropfen lassen. Den Thunfisch mit einer Gabel zerrupfen.

4 Den geschälten Knoblauch pressen und mit Rapsöl und Balsamico vermischen. Mit Pfeffer und Salz würzen.

5 Alles miteinander vermengen.

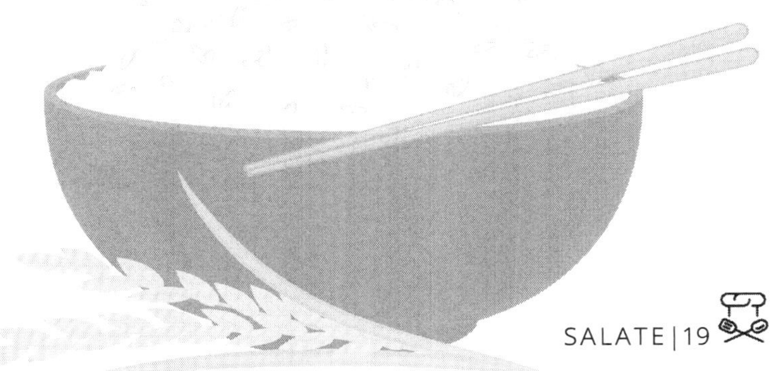

GREEK STYLE

4 Port. 40 Min. Leicht

Zutaten

200 g Feta
200 g Naturreis
2 Frühlingszwiebeln
200 g Kirschtomaten
Meersalz
50 g Oliven, schwarz
1 Salatgurke
4 EL Zitronensaft
Pfeffer
6 EL Olivenöl
1 TL Honig

Nährwerte p. P.

589 kcal
Kohlenhydrate: 45 g
Fett: 37 g
Eiweiß: 17 g

1 Den Reis nach Packungsanweisung zubereiten und gut abkühlen lassen.

2 Die gewaschenen Tomaten halbieren, die Oliven hacken und die Zwiebeln in feine Ringe schneiden. Die Gurke der Länge nach halbieren, die Kerne herausschneiden und in Würfel schneiden. Den Feta-Käse zerbröseln und mit allen anderen vorbereiteten Zutaten in einer Schüssel vermengen.

3 Honig, Zitronensaft und Öl dazugeben und ganz sachte verrühren.

4 Alles mit Pfeffer und Salz abschmecken.

Suppen

REISSUPPE

4 Port. 45 Min. Leicht

Zutaten

200 ml Kokosmilch
750 ml Gemüsebrühe
1,5 EL Kokosöl
50 g Basmatireis
400 g Möhren
Pfeffer und Salz
40 g Ingwer, frisch
4 Limettenblätter
1 EL Limettensaft
1 Mango, reif
2 Frühlingszwiebeln
2 Schalotten
2 TL Limettenabrieb
½ TL Cayennepfeffer

Nährwerte p. P.

1402 kcal
Kohlenhydrate: 181 g
Fett: 50 g
Eiweiß: 48 g

1 Die geschälten Möhren fein würfeln, den Ingwer und die Schalotten schälen und hacken und die Limettenblätter einschneiden.

2 Die Frühlingszwiebeln in feine Ringe schneiden. Das Kokosöl in einem Topf erhitzen und die Schalotten darin andünsten. Anschließend den Ingwer und die Möhrenwürfel dazugeben.

3 Den Basmatireis mit in den Topf geben und unterheben.

4 Alles mit der Brühe ablöschen und die Limettenblätter hineinlegen. Das Ganze einmal aufkochen lassen, den Deckel auflegen und 15 Minuten ziehen lassen.

5 Die geschälte Mango entsteinen, ein paar hauchfeine Scheiben abschneiden und für die Deko zur Seite stellen. Das restliche Mangofleisch würfeln. Diese zur Suppe geben und fünf Minuten mitziehen lassen.

6 Die Kokosmilch dazugießen, den Cayennepfeffer, den Limettenabrieb und den Saft beimengen. Mit Pfeffer und Salz würzen und mit Hilfe eines Pürierstabs mixen.

7 Die Suppe auf die Teller geben. Die Mangoscheiben darauf verteilen und etwas Kokosmilch darüberträufeln. Zum Schluss die Frühlingszwiebeln darüberstreuen.

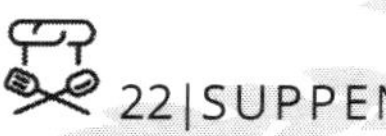

REIS-ZUCCHINI-SUPPE

4 Port.

35 Min.

Leicht

Zutaten

4 EL Langkornreis
2 EL Pflanzenöl
1 EL Chilipulver
2 Zucchini
1 ½ l Gemüsebrühe
jeweils 1 Prise Salz, Kreuzkümmel, Oregano und Pfeffer
4 Knoblauchzehen

Nährwerte p. P.

147 kcal
Kohlenhydrate: 16 g
Fett: 6 g
Eiweiß: 3 g

1 Die gewaschenen Zucchini würfeln und die geschälten Knoblauchzehen in hauchdünne Scheiben schneiden.

2 Das Öl in einer Pfanne erhitzen und die Knoblauchscheiben darin andünsten. Anschließend das Chilipulver darüber verteilen und alles eine Minute anrösten.

3 Das Ganze mit der Brühe ablöschen und den Reis, die Zucchini und den Kümmel einrühren. Die Temperatur auf die mittlere Stufe stellen und alles 20 Minuten garen.

4 Nun die Suppe vom Herd nehmen und diese mit Oregano, Pfeffer und Salz abschmecken.

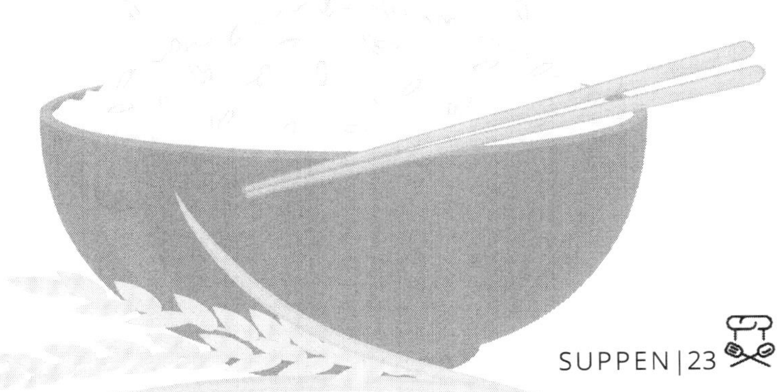

REIS-SÜSSKARTOFFEL-SUPPE

4 Port. 1 Std. Leicht

Zutaten

100 g Basmatireis
1 Knoblauchzehe
100 g Zwiebeln
150 g Süßkartoffeln
30 g Ingwer
800 ml Gemüsebrühe
100 ml Orangensaft
2 EL Koriander, geschnitten
150 ml Kokosmilch
150 g Paprika, gelb
1 EL Yaconsirup
1 EL Currypulver
Olivenöl
Pfeffer und Salz

Nährwerte p. P.

302 kcal
Kohlenhydrate: 44 g
Fett: 10 g
Eiweiß: 6 g

1 Den Knoblauch und die Zwiebeln in feine Würfel schneiden. Den geschälten Ingwer ganz fein hacken.

2 Die Süßkartoffeln schälen und in kleine Würfel schneiden.

3 Das Olivenöl in einem Topf erhitzen und den Ingwer, den Knoblauch und die Zwiebeln anbraten. Anschließend die Süßkartoffeln hineingeben und mit dem Currypulver bestreuen. Kurz anbraten lassen. Das Ganze mit dem Orangensaft ablöschen und einkochen lassen.

4 Die Gemüsebrühe hinzugießen, die Kokosmilch unterrühren und zehn Minuten leise köcheln lassen. Anschließend alles pürieren und dann den Reis hineingeben. Einmal aufkochen lassen, die Temperatur reduzieren und 30 Minuten wieder leise köcheln lassen.

5 Die gewaschene Paprika würfeln, kurz vor Kochzeitende zur Suppe geben und fünf Minuten mitköcheln lassen.

6 Die Suppe vom Herd nehmen, den Sirup einrühren und mit Pfeffer und Salz würzen.

7 Vor dem Servieren mit Koriander bestreuen.

REISSUPPE MIT RINDFLEISCH

6 Port. 55 Min. Mittel

Zutaten

200 g Reis
400 g Gulaschfleisch vom Rind
2 Möhren
½ Sellerieknolle
2 Zwiebeln
1 Stange Sellerie
1 TL Majoran
2 EL Öl
Pfeffer und Salz
1 l Wasser

Nährwerte p. P.

185 kcal
Kohlenhydrate: 29 g
Fett: 3 g
Eiweiß: 9 g

1 Das Rindfleisch in kleine Würfel schneiden.

2 Das Gemüse, bis auf den Stangensellerie, schälen und fein würfeln. Das Öl in einer Pfanne erhitzen und die Zwiebeln darin dünsten. Die Rindfleischwürfel dazugeben, rundherum anbraten und Pfeffer, Salz und Majoran darüber verteilen. Anschließend die Möhren und Selleriewürfel hineingeben.

3 Mit Wasser ablöschen, die Hitze reduzieren und 25 Minuten leise köcheln lassen.

4 Den Reis durchwaschen und in die Pfanne geben. Alles einmal aufkochen lassen und erneut die Hitze wieder herunterdrehen.

5 Den Stangensellerie in Stücke schneiden und in die Suppe einrühren. Die Suppe köcheln lassen, bis der Reis durchgegart ist.

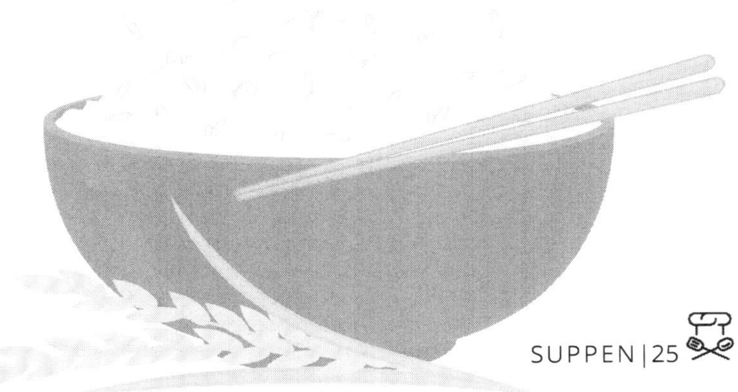

REISSUPPE MIT SCHWEINEFLEISCHBÄLLCHEN

4 Port. | 45 Min. | Mittel

Zutaten

200 g Jasminreis, am besten vom Vortag
150 g Hackfleisch vom Schwein
2 EL helle Sojasauce
½ TL Pfeffer
1 l Hühnerfond
½ TL Salz
1 Stück Ingwer, daumengroß
3 Stangen Sellerie

Nährwerte p. P.

311 kcal
Kohlenhydrate: 19 g
Fett: 20 g
Eiweiß: 11 g

1 Das Hackfleisch mit Pfeffer, Salz und Sojasauce vermengen und fünf Minuten ziehen lassen.

2 In einem Topf die Brühe zum Kochen bringen und den Reis hineingeben. Nochmals aufkochen lassen. Anschließend einen Esslöffel Sojasauce ins Wasser geben und bei niedrigster Stufe zehn Minuten garen.

3 Nun die Hände anfeuchten und aus dem Hackfleisch kleine Bällchen formen. Die Bällchen kurz vor Garzeitende zum Reis geben und weitere fünf Minuten ziehen lassen. Mit Sojasauce und Salz abschmecken.

4 Den geschälten Ingwer stifteln, die Blätter vom Sellerie klein rupfen und den Sellerie in hauchdünne Scheiben schneiden.

5 Die Suppe auf die Schüsseln verteilen und mit dem Sellerie und den Ingwerstiften garnieren.

TOMATEN-REISSUPPE

4 Port. 55 Min. Leicht

Zutaten

2 Knoblauchzehen
1 Zwiebel
1 Paprika
1 Stück Ingwer
700 ml Gemüsebrühe
Pfeffer, Salz
Öl
1 Dose Tomaten, gehackt
50 g Reis
veganer Joghurt

Nährwerte p. P.

900 kcal
Kohlenhydrate: 140 g
Fett: 17 g
Eiweiß: 42 g

1 Ingwer, Knoblauch und Zwiebel schälen und alles fein hacken. Die gewaschene Paprika von den Kernen befreien und würfeln. Das Öl in einem Topf erhitzen und alles darin andünsten.

2 Den Reis dazugeben, etwas anrösten und mit Brühe aufgießen. Den Reis weichkochen lassen und hin und wieder umrühren.

3 Die gehackten Tomaten unterheben, mit Pfeffer und Salz abschmecken und zehn Minuten köcheln lassen.

4 Auf die Teller verteilen und mit Joghurt garnieren.

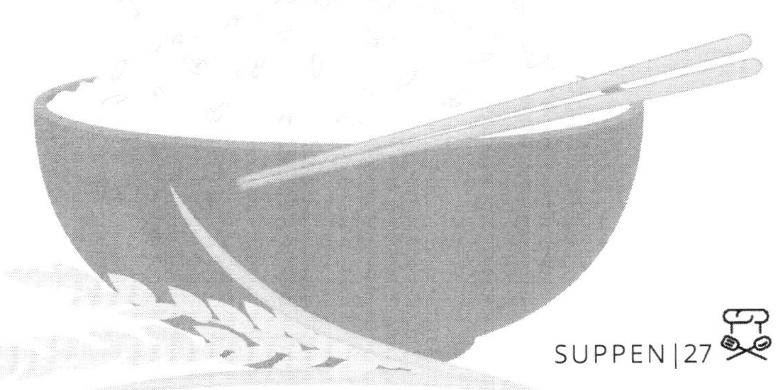

REISSUPPE MIT PILZEN

6 Port. 25 Min. Leicht

Zutaten

2 EL Öl
3 Stangen Sellerie
3 Möhren
400 g Pilze
3 Knoblauchzehen
1 Stange Lauch
175 g Reis, ungekocht
120 ml Weißwein
2 EL Mehl
1440 ml Gemüsebrühe
4 - 5 EL Parmesan, gerieben
240 ml Milch
1 TL Oregano
1 TL Paprikapulver
Pfeffer und Salz

Nährwerte p. P.

256 kcal
Kohlenhydrate: 30 g
Fett: 6 g
Eiweiß: 10 g

1 Das Öl in einem großen Topf erhitzen.

2 Das Gemüse waschen, bei Bedarf schälen und in Würfel oder feine Ringe schneiden (Lauch). Die Pilze in Scheiben schneiden. Das Gemüse in den Topf geben und sieben Minuten anbraten. Hin und wieder umrühren.

3 Das Gemüse mit Mehl bestäuben und langsam verrühren.

4 Das Ganze mit dem Weißwein ablöschen und diesen verdampfen lassen.

5 Den Reis und die Brühe hinzufügen und alles aufkochen lassen. Anschließend die Hitze auf die mittlere Stufe herunterdrehen und einen Deckel auflegen. Den Reis ca. 20 Minuten weich köcheln lassen.

6 Die Milch hineinrühren, alles mit Pfeffer und Salz würzen und zwei bis drei Minuten eindicken lassen.

7 Zum Schluss den Parmesan beimengen.

REISSUPPE MIT WOLFSBARSCH

4 Port.

50 Min.

Mittel

Zutaten

200 g Jasminreis
1 ½ l Hühnerfond
1 Filet vom Wolfsbarsch
6 Jakobsmuscheln
Selleriekraut von 4 Sellerieknollen
2 EL Sojasauce, hell
2 EL Öl
1 TL Salz
Pfeffer, körnig
2 EL Schalotten, frittiert

Nährwerte p. P.

777 kcal
Kohlenhydrate: 38 g
Fett: 57 g
Eiweiß: 24 g

1 Den Reis nach Packungsanweisung zubereiten.

2 Das gewaschene Selleriekraut hacken.

3 Die Muscheln und den Fisch waschen und mit einem Tuch abtupfen.

4 Die Brühe in einen Topf geben und aufkochen lassen. Die Sojasauce einrühren und den Fisch dazugeben. Den Topf zur Seite stellen und den Wolfsbarsch zwei bis drei Minuten garen. Den Fisch abschöpfen und zugedeckt warmhalten. Die Brühe erneut aufkochen lassen.

5 Das Öl in einer Pfanne erhitzen und die Jakobsmuscheln rundherum anbraten. Anschließend herausnehmen und warmhalten.

6 Den Reis, die Muscheln und den Fisch auf die Schüsseln verteilen und alles mit dem Selleriekraut bestreuen.

7 Die Brühe in die Schüsseln gießen und mit den Schalotten garnieren. Zum Schluss mit Pfeffer bestreuen.

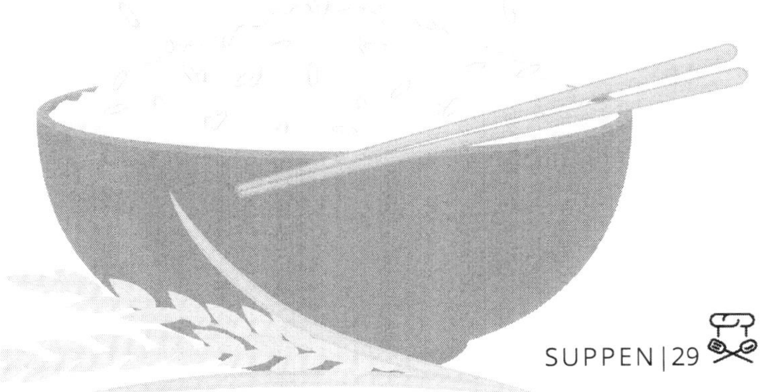

REISSUPPE MIT HUHN

4 Port. 30 Min. Leicht

Zutaten

200 g Möhren
100 g Langkornreis
½ Bund Petersilie
½ Bund Schnittlauch
200 ml Wasser
800 ml Gemüsebrühe
200 g Hähnchenbrust
Salz und Pfeffer

Nährwerte p. P.

113 kcal
Kohlenhydrate: 10 g
Fett: 1 g
Eiweiß: 13 g

1 Den Reis unter Wasser abspülen. Die Möhren schälen und würfeln, die Kräuter waschen.

2 Die Petersilienblätter und den Schnittlauch fein hacken und die gewaschene Hähnchenbrust würfeln.

3 Wasser, Brühe und Möhren in einen großen Topf geben und zum Kochen bringen. Den Reis unter stetigem Rühren hineingeben und 15 Minuten köcheln lassen.

4 Das Fleisch dazugeben und nochmals fünf Minuten garen.

5 Abschließend mit Pfeffer und Salz würzen, auf die Schüsseln verteilen und mit den Kräutern garnieren.

Brote

REISBROT

1 Brot

1 Std.
25 Min.

Mittel

Zutaten

300 ml lauwarmes Wasser
22 g Sonnenblumenkerne
300 g Reismehl
18 g Olivenöl
5 g Trockenhefe
10 g Guarkernmehl
2 g Flohsamen
3 g Salz
21 g Honig

Nährwerte p. P.

1352 kcal
Kohlenhydrate: 252 g
Fett: 32 g
Eiweiß: 7 g

1 Die Hefe und das lauwarme Wasser in einer Schüssel verrühren und gehen lassen.

2 In einer weiteren Schüssel den Honig und das Olivenöl verrühren und zur Seite stellen.

3 Reismehl, Salz, Guarkernmehl und Flohsamen in einer weiteren großen Schüssel miteinander vermischen.

4 Sobald sich die Hefe ausreichend aufgelöst hat, kann sie zu den trockenen Zutaten gegeben und alles gut miteinander verknetet werden.

5 Die Öl-Honig-Mischung dazugeben und erneut verkneten.

6 Denn Backofen auf 180 °C Ober-/Unterhitze vorheizen.

7 Eine Kastenform mit Backpapier auskleiden und die Masse hineingeben.

8 Die Sonnenblumenkerne darauf verteilen. Den Teig 15 Minuten aufgehen lassen.

9 Für 60 Minuten in den Backofen geben.

10 Anschließend aus der Form nehmen und komplett abkühlen lassen.

VOLLKORN-REISBROT

1 Brot | 2 Std. 20 Min. | Leicht

Zutaten

150 g Vollkorn-Reismehl
50 g Buchweizenmehl
100 g Reismehl, weiß
50 g Leinsamen
20 g Flohsamenschalen
1 TL Salz
450 ml Wasser
1 ½ TL Natron

Nährwerte p. P.

1342 kcal
Kohlenhydrate: 231 g
Fett: 25 g
Eiweiß: 25 g

1 Die Flohsamenschalen mit dem Wasser vermengen und diese Masse eine Stunde quellen lassen.

2 Den Backofen auf 175 °C Ober-/Unterhitze und vorheizen.

3 Alle übrigen Zutaten in einer weiteren Schüssel miteinander verrühren. Die Flohsamenschalen unterkneten.

4 Einen Brotlaib formen, auf ein Backblech legen und für eine Stunde in den Ofen geben.

5 Gut auskühlen lassen.

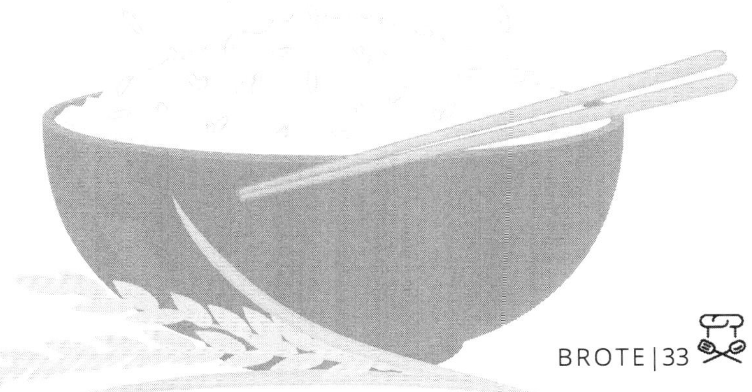

REIS-ZUCCHINI-BROT

1 Brot

9 Std.

Mittel

Zutaten

150 g Zucchini, geraspelt
150 g Reis, gekocht
150 g Dinkelmehl, Type 1050
250 g Dinkelvollkornmehl
100 g Roggenvollkornmehl
7 g frische Hefe
30 g Olivenöl
175 ml Wasser, lauwarm
2 TL Salz

Nährwerte p. P.

2185 kcal
Kohlenhydrate: 369 g
Fett: 41 g
Eiweiß: 65 g

1 Alle Zutaten miteinander vermengen und gut durchkneten.

2 Den Teig zudecken und für 60 Minuten gehen lassen. Nach dieser Zeit nochmals gehen lassen, allerdings die Schüssel in den Kühlschrank stellen. Nach sechs Stunden herausholen.

3 Eine Schüssel mit einem Geschirrtuch auslegen und Mehl darüberstreuen.

4 Mehl auf die Arbeitsfläche streuen und den Teig darauf stürzen. Den Brotlaib von allen Seiten einmal einschlagen. Die Unterseite ist nun glatt. Den Teig umgedreht mit der glatten Seite nach oben in die Schüssel mit dem Geschirrtuch legen. Diese Schüssel nochmals abdecken und erneut 90 Minuten aufgehen lassen.

5 Den Backofen auf 250 °C Ober-/Unterhitze vorheizen.

6 Den Brotlaib auf ein heißes Backblech stürzen und eine feuerfeste Schüssel mit Wasser füllen. Beides in den Backofen geben. Den Ofen nach zehn Minuten auf 220 °C herunterdrehen und die Backofentür kurz öffnen, sodass der entstandene Dampf austreten kann. Die Wasserschüssel herausnehmen.

7 Das Brot nun gute 45 Minuten backen.

REIS-MAIS-BROT

10 Port.

55 Min.

Mittel

Zutaten

340 g Reismehl
1 Ei
100 g Maismehl
1 ½ TL Salz
20 g frische Hefe
35 ml Olivenöl
1 TL Backpulver
1 TL Zucker
1 EL Essig
250 ml Milch

Nährwerte p. P.

205 kcal
Kohlenhydrate: 35 g
Fett: 5 g
Eiweiß: 2 g

1 Das Öl mit 200 ml Milch mischen und in einem Topf erhitzen. Anschließend mit Hilfe eines Rührgerätes und den Knethaken diese erhitzte Mischung mit dem Reismehl zehn Minuten lang verkneten.

2 Zucker, Hefe und die übrigen 50 ml Milch ein wenig erwärmen und mit dem Teig verquirlen.

3 Das Ei mit Essig, Salz und Backpulver verquirlen und zum Teig geben. Nun den Teig gut durchkneten. Bei Bedarf noch mehr Mehl dazugeben.

4 Eine Kastenform einfetten und den Teig hineinfüllen. Die Form mit einem Küchentuch abdecken und für 30 Minuten an einen warmen Ort stellen.

5 Den Backofen auf 200 °C Ober-/Unterhitze vorheizen.

6 Das Brot für 30 Minuten in den Backofen schieben. Die Temperatur nach 20 Minuten auf 180 °C reduzieren.

7 Vor dem Anschneiden gut auskühlen lassen.

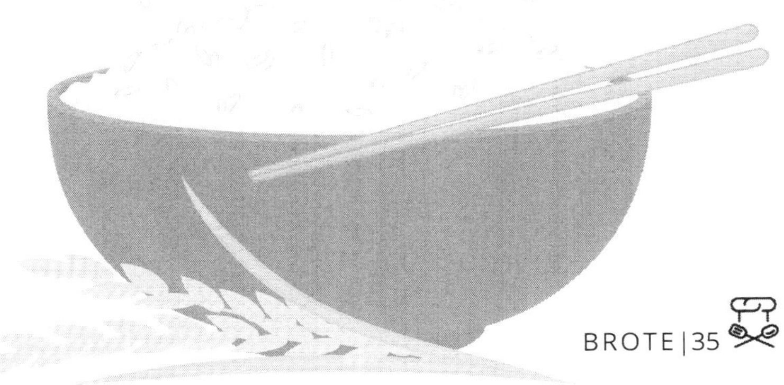

MILCHREISBROT

3 Port. 1 Std. Leicht

Zutaten

325 ml Milch
60 g Milchreis
¼ Würfel Hefe, frisch
250 g Dinkelmehl
1 TL Salz

Nährwerte p. P.

424 kcal
Kohlenhydrate: 78 g
Fett: 5 g
Eiweiß: 13 g

1 Den Milchreis in 200 ml Milch mit einer Prise Salz garkochen.

2 125 ml Milch in einen Topf geben und ein wenig des Breies dazugeben. Die Hefe dazugeben und auflösen lassen.

3 Alle Zutaten miteinander verkneten und gehen lassen.

4 Den Teigling erneut durchkneten und ein Brotlaib formen. Ein Backblech mit Backpapier auslegen und den Brotlaib drauflegen. Nochmals gehen lassen.

5 Den Backofen auf 200 °C Ober-/Unterhitze vorheizen.

6 Das Brot ein wenig einschneiden, mit Wasser einpinseln und für 30 - 40 Minuten in den Backofen geben.

Hauptgerichte mit Fleisch & Geflügel

REIS BALKAN-ART

4 Port.

1 STd.
20 Min.

Leicht

Zutaten

200 g Langkornreis
3 Zwiebeln
500 g Schweinerücken
1 Paprika, rot
3 Tomaten
1 Chilischote
½ Bund Petersilie
2 EL Tomatenmark
2 Knoblauchzehen
1 Paprika, grün
2 TL Thymian
1 EL Paprikapulver, edelsüß
Pfeffer und Salz
750 ml Gemüsebrühe
4 EL Olivenöl

Nährwerte p. P.

451 kcal
Kohlenhydrate: 47 g
Fett: 13 g
Eiweiß: 34 g

1 Das Fleisch klein schneiden und die Zwiebeln und den Knoblauch schälen und würfeln. Öl in einer Pfanne erhitzen und das Fleisch darin scharf anbraten. Anschließend die Hitze herunterdrehen und den Knoblauch und die Zwiebeln darin mitbraten. Paprikapulver und Tomatenmark beimengen und mit Brühe ablöschen. Alles salzen und pfeffern und 30 Minuten köcheln lassen.

2 Den Reis nach Packungsanweisung zubereiten.

3 Die Chili und die Paprika entkernen und fein würfeln. Die Tomaten mit kochendem Wasser übergießen und häuten. Anschließend in Viertel schneiden und die Kerne herausnehmen. Tomaten, Chili und Paprika zum Fleisch geben, den Reis abtropfen lassen und ebenfalls zu den anderen Zutaten geben. Alles gut umrühren und erneut 30 Minuten dünsten. Mit Pfeffer und Salz würzen. Auf Teller verteilen. Die Petersilie fein hacken und die Teller damit bestreuen.

RINDFLEISCH MIT BRATREIS

4 Port.

45 Min.

Mittel

Zutaten

300 g Langkornreis
1 Knoblauchzehe
1 Bund Frühlingszwiebeln
2 Eier
1 Paprika
250 g Blattspinat
3 EL Sojasauce
20 g Petersilie
600 g Rinderfilet
4 EL Sonnenblumenöl
jeweils eine Prise Pfeffer, Salz, Chili
1 Brokkoli

Nährwerte p. P.

637 kcal
Kohlenhydrate: 77 g
Fett: 17 g
Eiweiß: 47 g

1 700 ml Wasser mit Salz zum Kochen bringen und den Reis hineingeben. Die Hitze reduzieren, den Deckel auflegen und alles zwölf Minuten garen.

2 Die Frühlingszwiebeln in Ringe schneiden. Den geschälten Knoblauch hacken, die Paprika entkernen und in Streifen schneiden, die Röschen vom Brokkoli abtrennen. Das Rindfleisch in feine Streifen schneiden.

3 Die Eier in einer Schüssel verquirlen, Salz und Pfeffer einrühren. Einen Esslöffel Öl in einer Pfanne erhitzen und ein Omelette darin braten. Das Omelette herausnehmen, aufrollen und in Streifen schneiden.

4 Einen weiteren Esslöffel Öl in einer Pfanne erhitzen und das Fleisch darin anbraten. Den Knoblauch und die Frühlingszwiebeln dazugeben und alles mit einem Esslöffel Sojasauce, Chili und Salz würzen. Anschließend herausnehmen und zur Seite stellen.

5 Nochmals einen Esslöffel Öl in der Pfanne erhitzen und den Brokkoli und die Paprikastreifen vier Minuten darin anbraten. Den Spinat dazugeben und einen Esslöffel Sojasauce und Chili untermengen.

6 Den Reis im übrigen Öl sieben Minuten anbraten, die Petersilie währenddessen hacken. Gemüse und Fleisch zum Reis geben, alles erhitzen und mit Sojasauce und Chili würzen. Gemeinsam mit den Kräutern und den Omelettestreifen anrichten.

REISBOWL MIT RINDFLEISCH

4 Port. 40 Min. Mittel

Zutaten

400 g Rindfleisch
1 Tasse Vollkornreis
½ Zucchini
4 Knoblauchzehen
2 Frühlingszwiebeln
200 g Champignons
1 Handvoll Brokkoliröschen
100 ml Gemüsebrühe
½ Limette
1 EL Sojasauce
1 TL Worcestersauce
1 Paprika
Pfeffer und Salz
1 EL Ahornsirup
Öl
Paprikapulver
Thymian
Chiliflocken
Sesam

Nährwerte p. P.

376 kcal
Kohlenhydrate: 48 g
Fett: 6 g
Eiweiß: 28 g

1 Den Reis nach Packungsanweisung zubereiten.

2 Den Lauch in feine Ringe schneiden und zwei Knoblauchzehen schälen und hacken. Öl in einer Pfanne erhitzen und beides darin dünsten.

3 Zucchini, Brokkoli, Champignons und Paprika in Stücke schneiden und in die Pfanne geben. Alles ein wenig anbraten. Mit Gemüsebrühe ablöschen und den Saft der Limette hineinpressen. Einen Deckel auflegen und das Ganze fünf Minuten köcheln lassen.

4 Mit Paprikapulver, Salz, Thymian, Chiliflocken, Pfeffer und Worcestersauce würzen und zur Seite stellen.

5 Das Fleisch in mundgerechte Stücke schneiden und die übrigen Knoblauchzehen schälen und hacken. In einer anderen Pfanne Öl erhitzen und Knoblauch und Fleisch darin anbraten. Pfeffer, Ahornsirup und Sojasauce dazugeben. Solange braten, bis das Fleisch knusprig ist.

6 Die Frühlingszwiebeln in feine Ringe schneiden.

7 Gemüse, Reis und Fleisch in Schüsseln anrichten und mit Sesam und Frühlingszwiebeln garnieren.

REIS MIT KORIANDERSCHOTEN UND SCHWEINEFILET

4 Port.

35 Min.

Leicht

Zutaten

600 g Schweinefilet
300 g Jasminreis
10 g Ingwer
400 g Zuckerschoten
25 g Koriander
Pfeffer und Salz
4 EL Sojasauce
2 EL Öl
1 Limette
Prise Zucker

Nährwerte p. P.

526 kcal
Kohlenhydrate: 69 g
Fett: 7 g
Eiweiß: 40 g

1 700 ml Salzwasser zum Kochen bringen und den Reis darin zwölf Minuten bei geschlossenem Deckel garen. Den geschälten Ingwer hacken und den Saft aus der Limette pressen. Die Blätter vom Koriander abzupfen und hacken. Das Fleisch in feine Streifen schneiden.

2 Einen Liter Salzwasser in einem Topf aufkochen lassen und zwei Esslöffel Öl in einer Pfanne erhitzen. Das Fleisch darin anbraten. Die Zuckerschoten in das heiße Salzwasser geben und drei Minuten garen. Sojasauce, Limettensaft, die Hälfte des Ingwers und den Reis zum Fleisch geben. Mit Zucker, Salz, Pfeffer und übrigem Ingwer würzen.

3 Die Zuckerschoten abseihen, mit dem Koriander vermengen und pfeffern und salzen. Die Reispfanne auf Tellern portionieren und die Schoten darauf anrichten.

BROKKOLI-HÄHNCHEN-REISPFANNE

4 Port.

30 Min.

Leicht

Zutaten

2 Pck. Reis-fit Reis
500 g Brokkoli
1 Zwiebel
2 - 3 EL Zitronensaft
300 g Hähnchenbrust
200 g Mais aus der Dose
2 - 3 EL Zitronensaft
2 EL Rapsöl
½ Bund Petersilie
Pfeffer und Salz
Paprikapulver, edelsüß

Nährwerte p. P.

352 kcal
Kohlenhydrate: 45 g
Fett: 7 g
Eiweiß: 6 g

1 Die geschälte Zwiebel in feine Würfel schneiden. Die Röschen vom Brokkoli abtrennen und ebenfalls klein schneiden. Den Mais in einem Sieb abtropfen lassen. Das Fleisch in Würfel schneiden.

2 Das Öl in einer Pfanne erhitzen und das Fleisch darin rundherum anbraten. Anschließend zur Seite stellen. Die Zwiebel im bereits heißen Fett dünsten und den Brokkoli nach drei Minuten hinzugeben. Den Mais ebenfalls unterrühren. Alles nochmals fünf Minuten dünsten.

3 Den Reis und das Fleisch zum Gemüse hinzugeben und mit Zitronensaft und vier Esslöffel Wasser dünsten lassen.

4 Mit Paprikapulver, Pfeffer und Salz abschmecken. Die Petersilie hacken und die Portionen damit garnieren.

CURRYREIS MIT HÜHNCHEN

4 Port.

30 Min.

Leicht

Zutaten

300 g Langkornreis
1 Zwiebel
2 EL Butter
2 Knoblauchzehen
400 g Hähnchenbrustfilets
2 EL Öl
600 ml Gemüsebrühe
4 TL Currypulver
4 EL Joghurt
150 g TK-Erbsen
Pfeffer und Salz

Nährwerte p. P.

1173 kcal
Kohlenhydrate: 140 g
Fett: 30 g
Eiweiß: 78 g

1 Den geschälten Knoblauch und die geschälte Zwiebel fein hacken. In einem Topf die Butter erhitzen und die Zwiebel und den Knoblauch darin dünsten. Drei Teelöffel Currypulver darüber verteilen und den Reis hinzufügen.

2 Die Brühe über dem Reis verteilen und einmal aufkochen lassen. Anschließend den Deckel auflegen und den Reis zwölf Minuten garen. Hierfür die Hitze reduzieren. Dann die Erbsen dazugeben und alles fünf Minuten weiterköcheln lassen.

3 Das Fleisch in feine Streifen schneiden und mit Pfeffer, Salz und Currypulver würzen. Das Öl in einer Pfanne erhitzen und das Fleisch darin anbraten.

4 Den Joghurt, die Hähnchenstreifen und den Reis miteinander vermengen und mit Pfeffer und Salz würzen.

Hauptgerichte mit Fisch & Meeresfrüchten

REIS MIT JOGHURT-FISCH

4 Port.

40 Min.

Leicht

Zutaten

200 g Basmatireis
20 g Ingwer
50 g kleine Zwiebeln
1 Chilischote, grün
2 Knoblauchzehen
1 TL Paprikapulver, edelsüß
1 EL Panch Phoron (Gewürz)
½ TL Kurkumapulver
2 EL Sesamöl
1 EL Koriander
350 ml Gemüsebrühe
2 Prisen Chilipulver
600 g festes Fischfilet
Salz
2 Limetten
150 g griechischer Joghurt
80 ml passierte Tomaten

Nährwerte p. P.

439 kcal
Kohlenhydrate: 45 g
Fett: 12 g
Eiweiß: 35 g

1 Den Reis nach Packungsanweisung zubereiten.

2 Ingwer, Knoblauch und Zwiebel schälen und ganz fein hacken. Die Chili entkernen und ebenfalls hacken.

3 In einer Pfanne das Gewürz Panch Phoron rösten und anschließend mit Hilfe eines Mörsers zerstoßen.

4 Öl in eine Pfanne geben und den Ingwer, die Zwiebel und den Knoblauch darin dünsten. Panch Poron, Salz und Chili mit den übrigen Gewürzen dazugeben. Die Hälfte der Brühe hineingießen, die Tomaten untermengen und fünf Minuten köcheln lassen. Den Joghurt unterheben, die übrige Brühe dazugeben und erneut bei niedriger Hitze sieben Minuten köcheln lassen. Anschließend mit Salz würzen.

5 Den Fisch klein schneiden und acht Minuten in die Sauce legen. Währenddessen den Koriander hacken.

6 Die Limetten halbieren, den Reis mit Sauce und Fisch auf die Teller verteilen und mit Limetten und Koriander garnieren.

FISCH-REIS-PFANNE

4 Port. 40 Min. Leicht

Zutaten

150 g Langkornreis
150 g Paprika, gelb
500 g Fischfilet
1 Zwiebel
250 g Pilze
150 g Crème fraîche
½ Bund Schnittlauch
50 g Butter
Pfeffer und Salz

Nährwerte p. P.

603 kcal
Kohlenhydrate: 9 g
Fett: 7 g
Eiweiß: 9 g

1 Den Reis nach Packungsanweisung zubereiten. Den Fisch in mundgerechte Würfel schneiden. Die Paprika entkernen und ebenfalls würfeln. Die geputzten Pilze in Scheiben schneiden, die geschälte Zwiebel in feine Würfel.

2 Die Butter in einer Pfanne erhitzen und die Zwiebeln und die Pilze darin dünsten. Anschließend aus der Pfanne nehmen. Die Paprika und den Fisch in der gleichen Pfanne anbraten, salzen und pfeffern. Crème fraîche, Pilze und Reis untermengen, erneut erhitzen und nochmals salzen.

3 Den Schnittlauch in Röllchen schneiden und die Hälfte in die Pfanne geben. Den Reis auf die Teller verteilen und den übrigen Schnittlauch darüberstreuen.

SPINATREIS MIT FISCHFILET

4 Port.

20 Min.

Leicht

Zutaten

30 g Mandelblättchen
2 Beutel Reis-fit Langkorn & Wildreis
4 EL Butter
½ Zitrone
100 ml Gemüsebrühe
200 g Babyspinat
1 Bund Petersilie, glatt
4 Seelachsfilets
Pfeffer und Salz

Nährwerte p. P.

473 kcal
Kohlenhydrate: 38 g
Fett: 22 g
Eiweiß: 29 g

1 Den Reis nach Packungsanweisung zubereiten.

2 Die Mandeln ohne Zugabe von Fett in einer Pfanne rösten und wieder herausnehmen. Die halbe Zitrone auspressen und die Schale abreiben. Die Petersilie hacken und mit den Mandeln und der Zitronenschale vermengen.

3 Den Fisch pfeffern und salzen. Zwei Esslöffel Butter in einer Pfanne schmelzen lassen und den Fisch darin sachte rundherum anbraten. Die Kräutermischung auf dem Fisch verteilen. Brühe mit Zitronensaft vermischen und zum Fisch gießen. Alles warmhalten.

4 Die übrige Butter ebenfalls in einer Pfanne schmelzen und den Spinat darin zusammenfallen lassen. Anschließend salzen und pfeffern.

5 Den Reis zum Spinat geben. Die übrige Petersilie ebenfalls dazugeben und alles gut vermengen.

6 Reis und Fisch auf den Tellern anrichten.

MEERESFRÜCHTE MIT REIS AN ORANGENSAUCE

2 Port. | 30 Min. | Leicht

Zutaten

1 Brokkoli
200 g Basmatireis
2 TL Sesam
2 EL Rapsöl
400 ml Kokosmilch
450 g Frutti di Mare
Koriander
2 Frühlingszwiebeln
Dressing
Pfeffer und Salz
Curry
Zimt
1 EL Birkenzucker
200 ml Kokosmilch
100 ml Gemüsebrühe
1 Orange
1 TL Speisestärke

Nährwerte p. P.

1028 kcal
Kohlenhydrate: 128 g
Fett: 27 g
Eiweiß: 63 g

1 Die Meeresfrüchte auftauen lassen.

2 Die Frühlingszwiebeln in dünne Ringe schneiden und die Röschen des Brokkoli abtrennen.

3 Salzwasser zum Kochen bringen und die Brokkoliröschen darin acht Minuten garen. Den Reis nach Packungsanweisung zubereiten, allerdings mit 200 ml Wasser und der Kokosmilch.

4 Das Öl in einer Pfanne erhitzen und die Frutti di Mare darin anbraten. Die Frühlingszwiebelringe dazugeben und die Pfanne vom Herd nehmen.

5 Den Saft einer Orange herauspressen und die andere Orange filetieren. Die Kokosmilch für das Dressing mit der Gemüsebrühe und dem ausgepressten Saft in einem Topf zum Kochen bringen. Ein wenig Wasser mit der Speisestärke anrühren und in den Topf geben. Ein wenig köcheln lassen. Die Filets unterrühren und mit Zimt, Curry, Pfeffer und Salz würzen.

6 Alles auf die Teller verteilen und mit Sesam und Koriander servieren.

GARNELEN-TOMATEN-REIS

4 Port.

30 Min.

Leicht

Zutaten

1 Paprika, rot
250 g Langkornreis
2 EL Rapsöl
6 Frühlingszwiebeln
30 g Ingwer
500 ml Gemüsebrühe
2 EL Tomatenmark
2 EL Sojasauce
1 EL Butter
1 Knoblauchzehe
1 Chilischote
400 g Garnelen, küchenfertig
Pfeffer und Salz
2 Stiele Koriander
1 Limette

Nährwerte p. P.

465 kcal
Kohlenhydrate: 59 g
Fett: 14 g
Eiweiß: 25 g

1 Die Frühlingszwiebeln in feine Würfel schneiden. Das Öl in einem großen Topf erhitzen, den Reis hineingeben und vier Minuten dünsten. Die Zwiebelwürfel untermengen, andünsten und die Brühe hinzugießen. Den Deckel auflegen, die Hitze reduzieren und alles 20 Minuten köcheln lassen.

2 Die Paprika entkernen und in dünne Streifen schneiden. Den geschälten Knoblauch und Ingwer ganz fein hacken. Die Chili ebenfalls entkernen und fein würfeln.

3 Die Butter in einem Topf zergehen lassen und das Chili, den Knoblauch, die Paprika und den Ingwer darin andünsten. Die Garnelen hinzugeben und mitbraten. Das Tomatenmark mit dem Reis vermengen und mit Pfeffer, Salz und Sojasauce abschmecken.

4 Die Limette in feine Spalten schneiden und die Blätter des Korianders hacken.

5 Den Reis auf die Teller verteilen und mit Koriander und Limetten garnieren.

GARNELEN-GEMÜSE-REIS

4 Port. 25 Min. Leicht

Zutaten

4 Eier
1 Bund Frühlingszwiebeln
300 g Jasminreis
450 g TK-Garnelen
1 Paprika, gelb
1 Prise Salz
1 Prise Chili
4 EL Sojasauce
4 Möhren
2 EL ÖL
1 Prise Pfeffer

Nährwerte p. P.

569 kcal
Kohlenhydrate: 80 g
Fett: 12 g
Eiweiß: 35 g

1 Die Erbsen und Garnelen auftauen lassen.

2 450 ml Wasser mit Salz in einen Topf geben und den Reis darin einmal aufkochen lassen. Den Deckel auflegen und die Temperatur reduzieren. Zehn Minuten köcheln lassen.

3 Die geschälten Möhren in feine Scheiben schneiden. Den Strunk aus der Paprika herausschneiden und die Paprika anschließend fein würfeln. Die Frühlingszwiebeln in feine Röllchen schneiden und hierbei weiß und grün trennen.

4 Die Eier in einer Schüssel mit Pfeffer und Salz verquirlen und die grünen Frühlingszwiebeln unterrühren.

5 Das Öl in einer Pfanne erhitzen und die Paprikawürfel und die Möhren darin anbraten. Die Garnelen und die weißen Frühlingszwiebeln hinzugeben und mitbraten. Mit Chili und Pfeffer abschmecken.

6 Die Sojasauce und die Erbsen ebenfalls in die Pfanne geben und alles einmal aufkochen lassen. Den Reis hinzugeben. In der Pfannenmitte Platz schaffen, sodass hier die Eier hineingegossen werden können. Alles stocken lassen. Anschließend alles miteinander verrühren.

GARNELEN MIT KOKOS-ZITRONEN-REIS

3 Port.

30 Min.

Leicht

Zutaten

400 ml Kokosmilch
200 g Basmatireis
300 ml Gemüsebrühe
1 Zwiebel
1 Zitrone
150 g Möhren
Pfeffer, Salz, Kurkuma, Knoblauch
10 TK-Garnelen
1 Knoblauchzehe
Olivenöl
Chiliflocken

Nährwerte p. P.

639 kcal
Kohlenhydrate: 65 g
Fett: 33 g
Eiweiß: 15 g

1 Die geschälte Zwiebel fein würfeln und die geschälten Möhren raspeln. Den Saft aus der Zitrone pressen und ein wenig Schale abreiben.

2 Öl in einer Pfanne erhitzen und die Zwiebel darin dünsten. Die Möhrenraspeln hinzugeben und mitdünsten. Anschließend den Reis untermengen.

3 Zum Ablöschen die Gemüsebrühe hinzugießen und mit den Gewürzen abschmecken.

4 Den Zitronenabrieb, den Zitronensaft und die Kokosmilch dazugeben, sobald die Brühe weitestgehend verkocht ist.

5 In einer weiteren Pfanne Öl erhitzen und die Garnelen darin anbraten. Mit den Gewürzen würzen.

6 Den Reis mit den Garnelen garnieren.

Vegetarische Gerichte

FETA-GEMÜSE-REISPFANNE

 4 Port.
 30 Min.
 Leicht

Zutaten

1 Paprika, rot
2 Zwiebeln
200 g Basmatireis
200 g Champignons
2 EL Schmand
50 ml Gemüsebrühe
½ TL Paprikapulver, rosenscharf
3 Tomaten
200 g Fetakäse
Pfeffer und Salz
1 TL Oregano

Nährwerte p. P.

394 kcal
Kohlenhydrate: 50 g
Fett: 12 g
Eiweiß: 16 g

1 Den Reis mit der doppelten Menge Wasser und einem Teelöffel Salz in einen Topf geben und zum Kochen bringen und dann die Hitze minimieren. Mit einem Deckel zudecken und den Reis 20 Minuten weichkochen. Ist das Wasser komplett verkocht, den Topf vom Herd nehmen.

2 Die geschälten Zwiebeln fein würfeln, die Tomaten ebenfalls in Würfel schneiden. Die Pilze und die Paprika waschen und in Streifen schneiden.

3 Etwas Öl in einer Pfanne erhitzen und die Pilze, die Paprika und die Zwiebeln hinzufügen.

4 Oregano, Tomaten und Paprikapulver hinzugeben und für fünf Minuten anbraten.

5 Anschließend den Schmand und die Brühe dazugeben und alles gut miteinander verrühren. Den Reis beimengen und mit Pfeffer und Salz würzen.

6 Den Feta ein wenig zerbröseln und über der Reispfanne verteilen.

ITALIENISCHE REISPFANNE

2 Port. 30 Min. Leicht

Zutaten

1 Zwiebel, rot
100 g Langkornreis
1 TL Zucker
1 EL Olivenöl
1 Paprika, rot
1 Dose Tomaten, gestückelt
1 EL Weißweinessig
2 Tomaten
125 g Mini Mozzarella Kugeln
50 g Parmesan, gerieben
1 Zucchini
100 ml Sahne
Frühlingszwiebeln
Pfeffer und Salz

Nährwerte p. P.

691 kcal
Kohlenhydrate: 47 g
Fett: 42 g
Eiweiß: 30 g

1 Den Reis nach Packungsanweisung zubereiten.

2 Die Zwiebel schälen und halbieren. Die eine Hälfte in Scheiben und die andere in Würfel schneiden. Die Tomaten ebenfalls in Würfel schneiden.

3 Öl in einer Pfanne erhitzen und die Zwiebelwürfel andünsten. Nach ein paar Minuten den Zucker über die Zwiebeln streuen und alles karamellisieren lassen. Zum Ablöschen den Essig dazugießen und die Tomaten hineingeben.

4 Nach fünf Minuten die Tomaten aus der Dose einrühren und nochmals köcheln lassen. Abschließend die Sahne untermengen, pfeffern und salzen.

5 Die gewaschene Paprika und Zucchini würfeln. Öl in einer Pfanne erhitzen und die Gemüsewürfel darin anbraten. Den fertigen Reis hinzugeben und mitbraten.

6 Sobald das Gemüse leicht angebraten ist, kann die Tomatensauce hinzugegossen werden.

7 Die Mozzarella-Bällchen halbieren und diese leicht in die Sauce drücken.

8 Abschließend Parmesan und kleingeschnittene Frühlingszwiebeln darüber verteilen.

PAPRIKA GEFÜLLT MIT SPINATREIS

2 Port.

20 Min.

Leicht

Zutaten

320 g TK-Spinat
1 EL Gemüsebrühepulver
100 g Gouda
2 Paprika
200 g Reis
jeweils 1 Prise Pfeffer und Salz

Nährwerte p. P.

477 kcal
Kohlenhydrate: 47 g
Fett: 19 g
Eiweiß: 23 g

1 Den Reis nach Packungsanleitung zubereiten. Allerdings dem Wasser statt Salz die Gemüsebrühe beifügen. Den Spinat in einer Pfanne dünsten und mit Pfeffer und Salz würzen.

2 Den Backofen auf 180 °C Ober-/Unterhitze vorheizen.

3 Den Reis mit dem Gouda zum Spinat geben. Diese Masse in die Paprika füllen. Hierfür den Strunk abschneiden und die Kerne entfernen. Etwas Käse darauf verstreuen.

4 Die Paprika 20 Minuten in den Backofen geben.

KÜRBISRISOTTO

4 Port. 25 Min. Leicht

Zutaten

1 l Gemüsebrühe
2 EL Öl
800 g Hokkaido-Kürbis
2 Schalotten
2 EL Butter
50 g Kürbiskerne
200 g Schlagsahne
300 g Risottoreis
jeweils 1 Prise Zucker, Salz und Pfeffer

Nährwerte p. P.

552 kcal
Kohlenhydrate: 87 g
Fett: 18 g
Eiweiß: 11 g

1 Wasser mit der Gemüsebrühe anrühren und zum Kochen bringen. Die geschälten Schalotten halbieren und in feine Würfel schneiden. Die Enden des Kürbisses abtrennen, den Kürbis halbieren und die Kerne entfernen. Anschließend den Kürbis würfeln.

2 Butter und Öl in einem Topf erhitzen und die Kürbiswürfel, die Schalotten und den Reis unter stetigem Rühren anbraten.

3 Einen Schöpflöffel Brühe über den Reis gießen und vermengen. Den Reis 20 Minuten garen und hin und wieder umrühren. Regelmäßig Brühe hinzugießen. Der Reis sollte stets bedeckt sein. Auch hier immer wieder umrühren.

4 Währenddessen eine Pfanne erhitzen und die Kerne darin ohne Zugabe von Fett rösten. Einen Teelöffel Zucker darüber verteilen und die Kerne karamellisieren lassen. Abschließend salzen.

5 Die Sahne steif schlagen, das Risotto mit Pfeffer und Salz würzen und die Sahne unterheben.

6 Das Risotto auf die Teller verteilen und mit den Kürbiskernen garnieren.

PILZRISOTTO

4 Port.

30 Min.

Leicht

Zutaten

350 g weiße Champignons
300 g Pfifferlinge
3 EL Öl
10 g Thymian
½ Bund Frühlingszwiebeln
300 g Risottoreis
3 EL Butter
1 TL Essig
900 ml Gemüsebrühe
100 g Frischkäse
jeweils 1 Prise Pfeffer und Salz
100 ml Weißwein, trocken

Nährwerte p. P.

520 kcal
Kohlenhydrate: 74 g
Fett: 17 g
Eiweiß: 11 g

1 Die Pilze säubern und die Champignons in Viertel schneiden, die Pfifferlinge halbieren. Die Frühlingszwiebeln in feine Ringe schneiden und die Blätter des Thymians ganz fein hacken.

2 Die Gemüsebrühe in einem Topf erhitzen. Einen weiteren Topf mit zwei Esslöffeln Öl erhitzen und die geschnittenen Champignons anbraten. Die Zwiebelringe hinzugeben und mitbraten. Anschließend beides zur Seite stellen und den Topf reinigen.

3 Nun zwei Esslöffel Butter in jenem Topf schmelzen lassen. Den Reis darin zwei Minuten unter Rühren anschwitzen. Den Wein zum Ablöschen dazugeben und alles kurz einkochen lassen. Den Reis nun mit einer Kelle Brühe abdecken.

4 Den Reis bei niedrigster Stufe 20 Minuten unter Rühren garen. Hin und wieder Brühe nachgießen, sodass der Reis immer bedeckt ist.

5 Einen Esslöffel Öl in einer Pfanne erhitzen und die Pfifferlinge darin anbraten. Die Pfanne von der Hitze nehmen und Thymian, einen Teelöffel Essig und einen Esslöffel Butter hinzugeben und durchschwenken. Anschließend pfeffern und salzen.

6 Die Frühlingszwiebeln, die Champignons und den Frischkäse unterrühren, erneut würzen und das Risotto auf die Teller verteilen.

7 Mit den Pfifferlingen garnieren.

REISPFANNE MIT FRISCHKÄSE

4 Port. 50 Min. Leicht

Zutaten

300 g TK-Erbsen
250 g Reis
2 Zwiebeln
300 g Möhren
1 Paprika
2 TL Brühe
150 g Frischkäse
3 TL Curry
250 ml Wasser
1 TL Kreuzkümmelpulver
Öl
Pfeffer und Salz

Nährwerte p. P.

471 kcal
Kohlenhydrate: 67 g
Fett: 16 g
Eiweiß: 12 g

1 Den Reis nach Packungsanweisung zubereiten. Allerdings dem Wasser das Brühepulver hinzufügen.

2 Die geschälten Zwiebeln in feine Würfel schneiden. Öl in einer Pfanne erhitzen, die Zwiebeln hineingeben und mit dem Currypulver bestreuen. Ein paar Minuten anbraten.

3 Die Paprika entkernen und würfeln, die Möhren raspeln und gemeinsam mit dem Wasser in die Pfanne geben. Zehn Minuten vor sich hin köcheln lassen. Die Erbsen untermengen und erneut köcheln lassen.

4 Abschließend zwei Teelöffel Curry, den Frischkäse und Kreuzkümmel unterrühren und mit Pfeffer und Salz würzen. Alles gut miteinander verrühren und mit dem Reis vermengen.

GRIECHISCHER TOMATENREIS

4 Port.

20 Min.

Leicht

Zutaten

2 EL Tomatenmark
1 Zwiebel
1 EL Olivenöl
1 Knoblauchzehe
300 g Tomaten, gehackt
700 ml Gemüsebrühe
180 g Reis
4 EL Parmesan, gerieben
2 EL Frischkäse
2 Tomaten
Pfeffer und Salz
1 EL Gartenkräuter

Nährwerte p. P.

572 kcal
Kohlenhydrate: 81 g
Fett: 15 g
Eiweiß: 24 g

1 Den geschälten Knoblauch und die Zwiebel fein würfeln.

2 Öl in einer Pfanne erhitzen und die Würfel darin dünsten. Das Tomatenmark unterrühren.

3 Die Gemüsebrühe anrühren und diese gemeinsam mit dem Reis, den Kräutern und den Tomaten in den Topf geben. 15 Minuten köcheln lassen und hin und wieder umrühren.

4 Die gewaschenen Tomaten würfeln. Gemeinsam mit dem Frischkäse und dem Parmesan zum Tomatenreis geben, alles verrühren und abschließend pfeffern und salzen.

REISTORTILLA

4 Port. 45 Min. Mittel

Zutaten

jeweils 1 gelbe und rote Paprika
250 g Reis
1 kleine Zucchini
1 EL Olivenöl
4 Eier
100 g Käse, gerieben
Pfeffer und Salz
1 Zwiebel
Paprikapulver, edelsüß
½ Bund Schnittlauch

Nährwerte p. P.

437 kcal
Kohlenhydrate: 47 g
Fett: 19 g
Eiweiß: 15 g

1 Den Reis, wie auf der Packung beschrieben, zubereiten. Den Backofen auf 200 °C Ober-/Unterhitze vorheizen.

2 Die gewaschenen Paprika entkernen und fein würfeln, dasselbe nun auch mit der Zucchini tun. Die geschälte Zwiebel hacken und den Schnittlauch in Röllchen schneiden. Die Hälfte hiervon zur Seite stellen.

3 Öl in einer Pfanne erhitzen und die Zucchini, Paprika und Zwiebeln darin dünsten. Den Reis hinzugeben und mit Paprikapulver, Pfeffer und Salz abschmecken.

4 Die Eier miteinander verquirlen, Schnittlauch und Käse einrühren und zum Reis geben.

5 Die Pfanne 20 Minuten in den Backofen geben.

6 Abschließend mit Schnittlauch garnieren.

REIS MIT ZIEGENKÄSE UND PESTO

4 Port.

30 Min.

Leicht

Zutaten

300 g Langkornreis
1 Zwiebel
1 Prise Salz
1 Knoblauchzehe
40 g Cashewkerne
50 g Petersilie
2 Zucchini
2 EL Butter
1 Prise Pfeffer
Prise Zucker
6 EL Olivenöl
50 g Paniermehl
250 g Ziegenfrischkäse

Nährwerte p. P.

790 kcal
Kohlenhydrate: 82 g
Fett: 40 g
Eiweiß: 25 g

1 700 ml Salzwasser in einem Topf zum Kochen bringen und den Reis darin zwölf Minuten garen. Den Deckel hierfür auflegen und die Hitze reduzieren.

2 Den geschälten Knoblauch hacken, die Zwiebel schälen und in feine Würfel schneiden. Die Zucchini ganz grob raspeln. Die Petersilienblätter hacken.

3 Einen Esslöffel Butter in einer Pfanne erhitzen und die Cashewkerne drei Minuten rösten. Diese mit vier Esslöffeln Öl, vier Esslöffeln Wasser und der Petersilie pürieren. Anschließend pfeffern und salzen.

4 Ziegenfrischkäse und Paniermehl verrühren und mit Salz, Zucker und Pfeffer würzen. Die Hände anfeuchten und acht Kugeln formen.

5 Zwei Esslöffel Öl in einer Pfanne erhitzen und die Zwiebeln, Zucchini und den Knoblauch darin dünsten. Einen Esslöffel Butter und den fertigen Reis hinzufügen. Die Temperatur reduzieren und drei Minuten braten. Pfeffer, Salz und Pesto dazugeben und gut verrühren.

6 Den Reis auf die Teller verteilen und mit den Kugeln und dem Pesto anrichten.

Vegane Gerichte

REIS MIT TOFU

4 Port. 20 Min. Leicht

Zutaten

2 - 3 EL Sesamöl
600 g Reis, gekocht
2 Zwiebeln
200 g Tofu
1 TL Kurkuma
4 Knoblauchzehen
2 TL Ingwer, frisch
3 EL Sojasauce
1 Zucchini
1 Paprika, rot
1 Handvoll Babyspinat
130 g Erbsen, aufgetaut
2 Möhren
1 EL rote Thai-Curry-Paste
1 EL Kokosblütensirup

Nährwerte p. P.

846 kcal
Kohlenhydrate: 130 g
Fett: 19 g
Eiweiß: 29 g

1 Den Reis nach Packungsanweisung zubereiten und gut auskühlen lassen.

2 Den Tofu in ein Küchentuch gewickelt ausdrücken. Anschließend würfeln und Kurkuma darüberstreuen. Öl in einer Pfanne erhitzen und die Würfel darin fünf Minuten rundherum anbraten. Herausnehmen und zur Seite stellen.

3 Erneut Öl in einer Pfanne erhitzen. Die geschälten Zwiebeln in feine Ringe schneiden und in der Pfanne dünsten. Den Knoblauch hacken und hinzugeben. Die Currypaste hineinrühren und alles ein wenig anbraten lassen.

4 Die Zucchini würfeln, die Paprika entkernen und ebenfalls würfeln. Die Möhren schälen und in feine Scheiben schneiden. Alles in die Pfanne geben und unter Rühren anbraten. Abschließend den fein gehackten Ingwer hineingeben.

5 Die Sojasauce, den Reis, den Tofu und den Sirup beimengen und alles gut verrühren. Die Erbsen und den Spinat dazugeben und ganz sanft untermengen.

RÜBLI-REISTALER

4 Port. 1 Std. Leicht

Zutaten

1 Knoblauchzehe
500 g Vollkornreis, gekocht
1 Zwiebel
1 Möhre
1 Stck. Ingwer, daumenbreit
1 TL Kreuzkümmelpulver
1 TL Paprikapulver, edelsüß
1 TL Thymian
3 EL Buchweizenmehl
2 TL Zaatar
Olivenöl
Pfeffer und Salz

Nährwerte p. P.

992 kcal
Kohlenhydrate: 201 g
Fett: 7 g
Eiweiß: 21 g

1 Entweder den Reis vom Vortag verwenden oder den Reis nach Packungsanweisung zubereiten.

2 Die geschälte Zwiebel in feine Würfel schneiden. Den Knoblauch schälen und durch eine Knoblauchpresse drücken. Den Ingwer ebenfalls schälen und reiben. Die Möhre fein raspeln.

3 Den Reis in eine große Schüssel geben und mit allen anderen Zutaten verkneten.

4 Nun zwölf Reistaler aus der Masse formen. Nebenbei Öl in einer Pfanne erhitzen und die Taler rundherum anbraten.

CURRYPFANNE

4 Port.

25 Min.

Leicht

Zutaten

1 Stange Lauch
200 g Langkornreis
2 Zwiebeln
2 Möhren
200 g TK-Erbsen
4 TL Gemüsepulver
1 ½ TL Currypulver
Pfeffer und Salz
3 EL Öl
400 ml Wasser

Nährwerte p. P.

679 kcal
Kohlenhydrate: 97 g
Fett: 18 g
Eiweiß: 25 g

1 Das Wasser in einen Topf geben und zwei Teelöffel Gemüsebrühe darin aufkochen.

2 Den Reis in der Brühe ca. 15 Minuten kochen. Hierfür den Deckel auflegen und die Temperatur reduzieren.

3 Die geschälten Möhren in dünne Streifen schneiden. Den Lauch der Länge nach einschneiden und sorgfältig waschen. Danach in dünne Ringe schneiden. Die geschälten Zwiebeln in feine Würfel schneiden.

4 Drei Esslöffel Öl in einer Pfanne erhitzen und zunächst die Zwiebeln darin dünsten. Den Lauch und die Möhren hinzugeben und zehn Minuten dünsten.

5 100 ml Wasser, Erbsen, zwei Teelöffel Gemüsebrühepulver, Currypulver und den Reis hinzufügen, alles gut verrühren und fünf Minuten bei geringer Temperatur köcheln lassen.

6 Mit Pfeffer und Salz würzen.

BROKKOLI-REIS MIT SESAMTOFU

2 Port.

20 Min.

Leicht

Zutaten

½ Bund Frühlingszwiebeln
120 g Vollkornreis
1 EL Sesamsamen
2 TL Sesamöl
2 EL Öl
200 g Naturtofu
1 Kopf Brokkoli
3 EL Sojasauce

Nährwerte p. P.

511 kcal
Kohlenhydrate: 55 g
Fett: 20 g
Eiweiß: 21 g

1 Den Reis nach Packungsanleitung zubereiten.

2 Die Frühlingszwiebeln in dünne Ringe schneiden und den weißen Anteil vom grünen separat sammeln. Den Strunk des Brokkoli entfernen und den Rest in kleine Stücke schneiden. Den Tofu zwischen zwei Küchentücher legen und gut auspressen, anschließend in kleine Würfel schneiden.

3 Öl in einer Pfanne erhitzen und die Tofuwürfel rundherum anbraten. Zum Ablöschen die Sojasauce dazugeben und mit Sesamsamen bestreuen. Die Hitze reduzieren und die weißen Zwiebelringe untermengen.

4 Den Reis nach zwei Minuten dazugeben, den Deckel auflegen und drei Minuten braten. Danach die Brokkolistücke unterrühren und den Deckel für zwei Minuten schließen.

5 Das Gericht auf die Schüsseln verteilen und mit Sesamöl und den grünen Frühlingszwiebeln garnieren.

REISPFANNE

2 Port.

28 Min.

Leicht

Zutaten

1 Beutel Naturreis
100 g Austernpilze
200 g Champignons
2 EL Pflanzenöl
12 Kirschtomaten
2 Knoblauchzehen
60 g Babyspinat
1 TL Paprikapulver
100 ml Gemüsebrühe
250 ml Sojasahne
Pfeffer und Salz

Nährwerte p. P.

110 kcal
Kohlenhydrate: 11 g
Fett: 5 g
Eiweiß: 3 g

1 Den Reis nach Anweisung zubereiten.

2 Die Pilze putzen, die Austernpilze halbieren, die Champignons in Viertel schneiden. Die Tomaten ebenfalls halbieren und den Strunk entfernen, den geschälten Knoblauch fein hacken.

3 Zwei Esslöffel Öl in einer tiefen Pfanne erhitzen und die Champignons, die Austernpilze und den Knoblauch darin anbraten. Den Spinat und die Tomaten hinzugeben und drei Minuten braten. Zum Ablöschen die Brühe und die Sahne hineingießen. Die Temperatur reduzieren und fünf Minuten köcheln lassen.

4 Mit Pfeffer, Salz und Paprikapulver würzen.

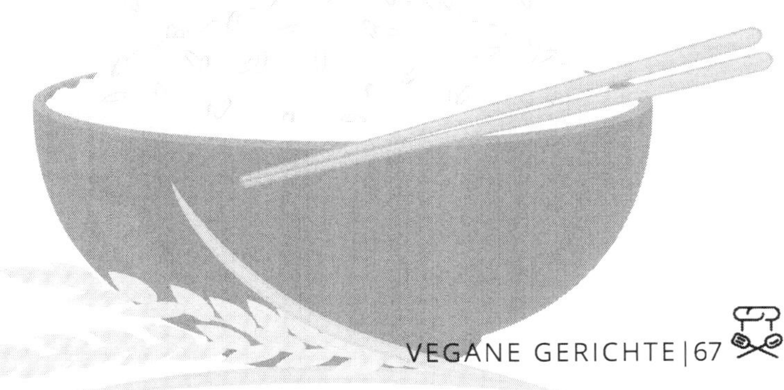

Fingerfood & Snacks

REISBÄLLCHEN

 4 Port.
 50 Min.
 Leicht

Zutaten

6 EL Olivenöl
2 Tassen Reis
2 Eier
2 EL Semmelbrösel
5 EL Parmesan
Pfeffer und Salz

Nährwerte p. P.

404 kcal
Kohlenhydrate: 31 g
Fett: 21 g
Eiweiß: 7 g

1 Den Reis nach Anweisung zubereiten und gut auskühlen lassen.

2 Parmesan, Semmelbrösel, Eier, Pfeffer und Salz miteinander verrühren.

3 Kleine Kugeln formen. Öl in einer Pfanne erhitzen und die Kugeln darin rundherum anbraten.

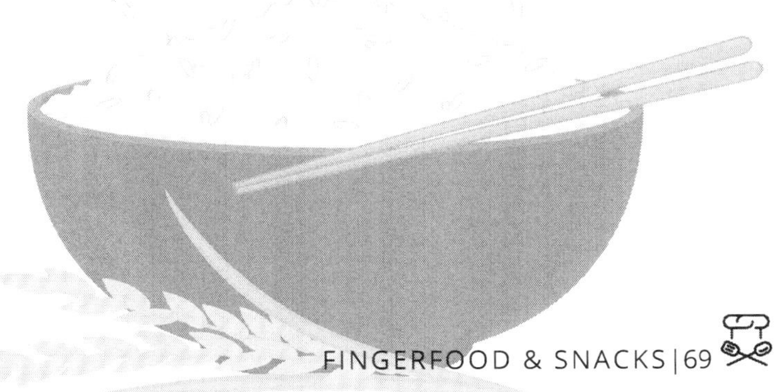

REISBÄLLCHEN MOZZARELLA

6 Port. 25 Min. Leicht

Zutaten

1 EL Speisestärke
1 Möhre
60 g Vollkorn-Semmelbrösel
2 Kugeln Mozzarella
3 Eigelb
250 g Risottoreis
2 EL Butter
Pfeffer und Salz
Pflanzenöl

Nährwerte p. P.

329 kcal
Kohlenhydrate: 41 g
Fett: 10 g
Eiweiß: 17 g

1 Die gewaschene Möhre fein würfeln. Die Butter in einem Topf schmelzen und darin die Möhre anbraten.

2 Den Reis dazugeben und kurz unter stetigem Rühren anschwitzen. So viel Wasser hineingießen, dass der Reis mindestens einen Zentimeter damit bedeckt ist. Salz hinzufügen und den Deckel auflegen. Aufkochen lassen, die Hitze reduzieren und 20 Minuten köcheln lassen.

3 Den Reis in eine Schüssel geben und auskühlen lassen. Die Stärke und die Eigelbe unterrühren, salzen und pfeffern. Den Mozzarella fein würfeln.

4 Die Hände anfeuchten und kleine Kugeln formen. Einen Mozzarellawürfel eindrücken und die Kugeln wieder schließen. Die Kugeln durch die Semmelbrösel rollen und in einem Topf mit heißem Fett frittieren.

REISBURGER

4 Port.

20 Min.

Leicht

Zutaten

4 EL Appenzeller Käse
400 g Reis
2 EL Mehl
2 Eier
Gemüse nach Wahl
Pfeffer und Salz
Öl

Nährwerte p. P.

224 kcal
Kohlenhydrate: 32 g
Fett: 6 g
Eiweiß: 8 g

1 Das Gemüse fein würfeln. Mehl, Reis, Eier und Gemüse miteinander verrühren. Den Käse unterheben und alles salzen und pfeffern.

2 Öl in einer Pfanne erhitzen und kleine Bratlinge ausbraten.

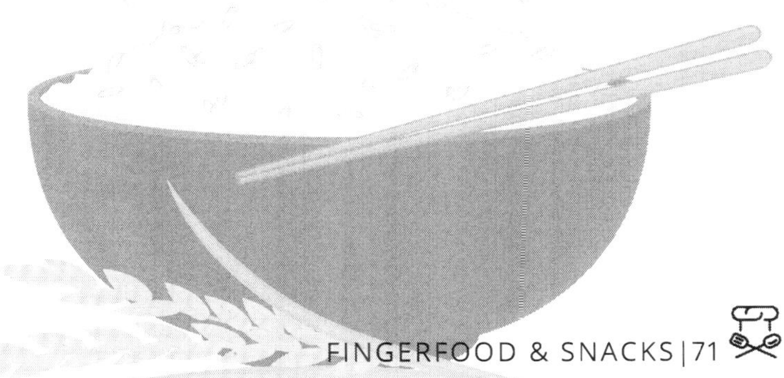

KROKETTEN MIT REIS UND KÄSE

8 Stk. 35 Min. Leicht

Zutaten

800 ml Wasser
1 EL Butter
300 g Rundkornreis
1 Zwiebel, gewürfelt
100 g Parmesan
2 EL Petersilie, gehackt
200 g Paniermehl
100 g Mehl
2 Eier
100 g Käse, gewürfelt
Öl
Pfeffer und Salz

Nährwerte p. P.

387 kcal
Kohlenhydrate: 56 g
Fett: 9 g
Eiweiß: 17 g

1 Die Butter in einer Pfanne erhitzen und die Zwiebeln andünsten. Den Reis darin anschwitzen, salzen und pfeffern. Das Wasser dazugießen und alles aufkochen lassen. Den Reis garen.

2 Parmesan und Petersilie unterrühren und den Käse schmelzen lassen. Anschließend alles gut auskühlen lassen.

3 Einen Teil nun zu kleinen Fladen formen und einen Käsewürfel hineinlegen. Den Fladen zuklappen und zu Kugeln formen.

4 Diese Bällchen in Mehl, Ei und Paniermehl wälzen und ein wenig andrücken. Die Kroketten auf ein Backblech legen, mit Öl beträufeln und 15 Minuten bei 180 °C backen.

REISSPIEẞE MIT MAISKRUSTE

8 Spieße

35 Min.

Mittel

Zutaten

100 g Gouda, gerieben
200 g Sushireis, gekocht
½ Dose Mais
40 g Zucker
50 g Butter
250 g Mehl
120 ml Vollmilch
8 Holzspieße
1 TL Backpulver
1 EL Sojasauce
40 g Zucker

Nährwerte p. P.

1126 kcal
Kohlenhydrate: 173 g
Fett: 39 g
Eiweiß: 34 g

1 Den gekochten, aber nicht mehr heißen Reis mit dem Gouda vermengen. Anschließend die Masse in acht Portionen teilen und zu kleinen Nocken um die Holzspieße wickeln. Die fertigen Spieße auf ein Backpapier legen.

2 Die Butter in einem Topf schmelzen und die Milch hineinrühren. Zucker, Backpulver und Mehl in eine Schüssel geben und mit der Milch-Butter und der Sojasauce vermischen. Auch aus dieser Masse acht Portionen abtrennen und jeweils ausrollen. Diese kleinen Teiglinge um die Reiskegel wickeln und gut verschließen.

3 Den abgetropften Mais auf einem Teller verteilen und die Spieße darin wenden.

4 Öl in einem Topf erhitzen und die Spieße darin rundherum frittieren.

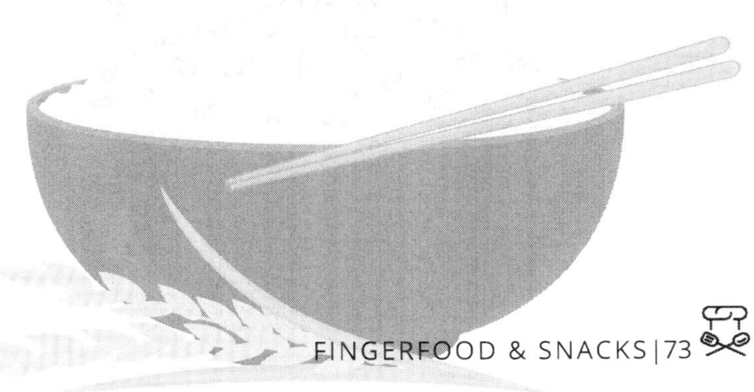

REISWAFFELN

3 Port.

40 Min.

Leicht

Zutaten

125 g TK-Gemüsemischung
150 g Reis
2 Eier
jeweils 1 Prise Paprikapulver edelsüß, Pfeffer und Petersilie

Nährwerte p. P.

141 kcal
Kohlenhydrate: 18 g
Fett: 3 g
Eiweiß: 6 g

1 Den Reis nach Packungsanweisung zubereiten.

2 Das Gemüse in einem Topf garen, anschließend mit einer Gabel zerdrücken und mit dem Reis vermengen.

3 Die Masse ein klein wenig abkühlen lassen.

4 Die Eier dazugeben und mit den Gewürzen abschmecken.

5 Das Waffeleisen einfetten und die Reiswaffeln ausbacken.

International

CHOP SUEY

4 Port. 1 Std. Mittel

Zutaten

½ Stange Lauch
400 g Rindfleisch
2 Möhren
2 Frühlingszwiebeln
3 Zwiebeln
1 TL Ingwer
½ TL Pfeffer
3 Eier
2 Knoblauchzehen
1 TL Salz
Marinade
1 TL Salz
½ TL Pfeffer
1 TL Natron
½ TL Chiliflocken
1 TL Sesamöl
3 EL Sojasauce
Reis
1 TL Salz
250 g Reis

Nährwerte p. P.

309 kcal
Kohlenhydrate: 27 g
Fett: 8 g
Eiweiß: 28 g

1 Den Reis nach Packungsanweisung zubereiten und komplett abkühlen lassen.

2 Die Zutaten für die Marinade in einer Schüssel miteinander verrühren.

3 Das Rindfleisch in feine Streifen schneiden und in der Marinade wenden. Das Ganze abdecken und für 30 Minuten kühl stellen.

4 Die geschälten Zwiebeln in feine Streifen schneiden. Die geschälten Möhren in schmale Stifte schneiden. Den Lauch der Länge nach einschneiden, gründlich säubern und ebenfalls in feine Streifen schneiden. Die Frühlingszwiebeln in dünne Ringe schneiden.

5 Zwei Esslöffel Öl in einer Pfanne erhitzen und das eingelegte Fleisch darin scharf anbraten. Anschließend herausnehmen.

6 Erneut zwei Esslöffel Öl in die Pfanne geben und darin den Knoblauch, den Ingwer und das vorbereitete Gemüse anbraten. Mit Sojasauce, Pfeffer und Salz abschmecken. Das Gemüse ebenfalls herausnehmen.

7 Die Eier in einen Teller aufschlagen und mit Salz verrühren. Die Eimasse in die Pfanne schütten und unter ständigem Rühren stocken lassen. Auch dieses herausnehmen.

8 Zwei Esslöffel Öl in der Pfanne erhitzen und den Reis darin drei Minuten anbraten. Alle weiteren Bestandteile hinzugeben und gut verrühren. Bei Bedarf nachwürzen.

GYUDON

2 Port.

20 Min.

Leicht

Zutaten

150 g Basmatireis
200 g Rindfleisch
200 g Zwiebeln
100 ml Wasser
100 ml Weißwein
80 ml Mirin
80 ml Sojasauce
1 EL Speisestärke
2 EL Zucker

Nährwerte p. P.

550 kcal
Kohlenhydrate: 84 g
Fett: 5 g
Eiweiß: 31 g

1 Den Reis unter klarem Wasser abwaschen.

2 Salzwasser in einem Topf erhitzen und den Reis darin 15 Minuten garen.

3 Das Fleisch in zarte Scheiben schneiden.

4 Wasser und Wein einem Topf aufkochen lassen und das Fleisch darin zwei Minuten garen. Sollte sich hierbei Schaum bilden, kann dieser einfach abgeschöpft werden.

5 Zucker, Mirin und Sojasauce hinzugeben, den Deckel auflegen und zehn Minuten köcheln lassen.

6 Die geschälten Zwiebeln halbieren und in feine Streifen schneiden. Die Zwiebeln ebenfalls in den Topf geben.

7 Abschließend Speisestärke und Wasser verrühren und der Sauce beimengen. Erneut aufkochen lassen.

8 Alles gemeinsam servieren.

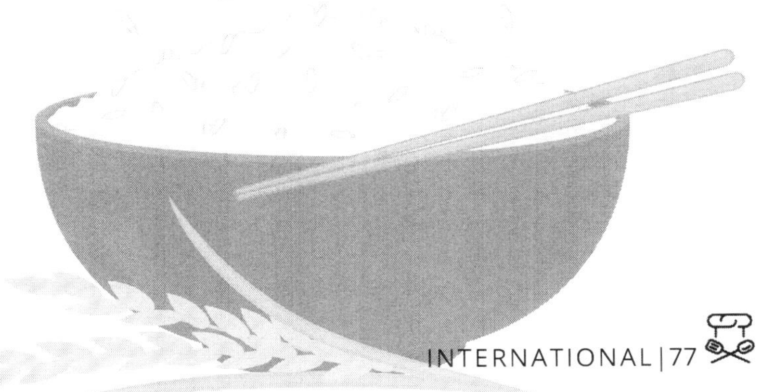

PAELLA

4 Port. 40 Min. Mittel

Zutaten

700 ml Fischfond
150 g Chorizo
3 Strauchtomaten
1 Zwiebel
16 Riesengarnelen
1 Paprika, rot
2 Knoblauchzehen
3 EL Olivenöl
200 g Paella-Reis
100 g TK-Erbsen
300 g Kabeljaufilets
250 g Hähnchenbrustfilets
1 Zitrone
Salz
100 g grüne Bohnen
3 EL Olivenöl

Nährwerte p. P.

830 kcal
Kohlenhydrate: 28 g
Fett: 54 g
Eiweiß: 54 g

1 Die Tomaten ein paar Mal einritzen und mit kochendem Wasser übergießen. Die Tomaten anschließend kalt abschrecken. Nun die Haut abziehen, den Strunk herausschneiden und das Tomatenfleisch würfeln. Die Wurst pellen, der Länge nach halbieren und in dünne Scheiben schneiden. Den geschälten Knoblauch und die geschälte Zwiebel in feine Würfel schneiden. Die Paprika ebenfalls würfeln, die Bohnen halbieren.

2 Die Chorizoscheiben in einer Pfanne anbraten und herausnehmen. Öl zum Bratfett hinzugeben und die Paprika und die Zwiebeln darin andünsten. Fond, Tomaten und Knoblauch beimengen und gut verrühren.

3 Die Garnelen mittig einschneiden und den Darm entfernen. Den Reis in die Pfanne geben, mit Salz abschmecken und alles unter Rühren köcheln lassen. Die Garnelen hinzugeben. Salzwasser in der Zwischenzeit zum Kochen bringen und die Bohnen hineingeben. Nach zwei Minuten die Erbsen zu den Bohnen geben. Alles abseihen.

4 Den Fisch und das Hähnchen klein schneiden und salzen. Beides zur Paella geben und mitkochen. Ab nun nicht mehr rühren!

5 Chorizo, Erbsen und Bohnen hinzufügen, erneut erhitzen und dann vom Herd nehmen und fünf Minuten ruhen lassen.

6 Die Zitronen in Spalten schneiden und die Paella damit garnieren.

LIBANESISCHE REIS-FISCH-PFANNE

4 Port.

1 Std.

Mittel

Zutaten

600 g Lachsfilets
2,5 Tassen Reis
1 Dose gehackte Tomaten
4 Zwiebeln
5 Tassen Wasser
1 ½ EL Biryani-Gewürz
1 EL Pfeffer
1 ½ EL Salz
2 EL Margarine

Nährwerte p. P.

986 kcal
Kohlenhydrate: 54 g
Fett: 49 g
Eiweiß: 77 g

1 Den Lachs bei 200 °C Ober-/Unterhitze im Backofen 20 Minuten backen.

2 Die geschälten Zwiebeln in feine Würfel schneiden. Margarine in einer Pfanne erhitzen und die Zwiebeln darin anbraten.

3 Die Tomaten den Zwiebeln beimengen und mit Pfeffer, Salz und Biryani-Gewürz abschmecken und ein wenig einköcheln lassen.

4 Den fertigen Lachs klein schneiden und auf die Tomaten legen.

5 Den Reis waschen, über dem Lachs verteilen und mit heißem Wasser übergießen. Einmal aufkochen lassen und dann zugedeckt und bei geringer Hitze 25 Minuten kochen.

KOREANISCHE REISSCHALE

 4 Port.
 40 Min.
 Leicht

Zutaten

1 Stück Ingwer
1 Knoblauchzehe
150 g Sushireis
400 g Schweinegeschnetzeltes
1 EL Reisessig
2 EL Sojasauce
1 Möhre
1 Lauchzwiebel
1 Kopf Romanasalat
1 EL Sesam
Öl und Essig
Zucker
Pfeffer und Salz

Nährwerte p. P.

648 kcal
Kohlenhydrate: 83 g
Fett: 17 g
Eiweiß: 37 g

1 300 ml Wasser in einem Topf zum Kochen bringen. Den geschälten Ingwer fein reiben. Den geschälten Knoblauch fein hacken. Das Fleisch mit dem Knoblauch, dem Reisessig, einem Esslöffel Zucker und Ingwer vermischen. Eine Prise Pfeffer darübergeben.

2 Den gewaschenen Reis in das kochende Wasser geben und mit geschlossenem Deckel zwölf Minuten garen. Ohne Hitzezufuhr bereits nach fünf Minuten ziehen lassen.

3 Die Möhre schälen und reiben. Die Raspeln mit einer Prise Salz, einem Esslöffel Essig und einem halben Teelöffel Zucker verrühren.

4 Den Salat in dünne Streifen schneiden und den Strunk entfernen. Die Lauchzwiebeln in dünne Ringe schneiden.

5 Öl in einer Pfanne erhitzen und das Fleisch darin scharf anbraten. Die Marinade hinzugießen und drei Minuten einrühren. Nun den Sesam hinzugeben.

6 Den Reis ein wenig auflockern und auf Schüsseln verteilen. Das Fleisch, die Möhren, den Salat und abschließend die Frühlingszwiebeln darauf anrichten. Erst kurz vor dem Servieren alles miteinander vermischen.

BIBIMBAB

4 Port.

30 Min.

Mittel

Zutaten

1 Limette
300 g Basmatireis
1 Prise Salz
1 EL Honig
2 Stk. Pak Choi
2 Möhren
4 EL Sojasauce
¼ TL Chili, gemahlen
1 Prise Zucker
1 Bund Frühlingszwiebeln
1 Zucchini
1 Knoblauchzehe
400 g Champignons
3 EL Öl
20 g Koriander
2 EL weißer Sesam

Nährwerte p. P.

453 kcal
Kohlenhydrate: 83 g
Fett: 9 g
Eiweiß: 13 g

1 700 ml Salzwasser zum Kochen bringen. Den Reis hineingeben, die Hitze reduzieren, den Deckel auflegen und den Reis zwölf Minuten garen.

2 Die Limette durchschneiden und den Saft herauspressen. Vier Esslöffel des Saftes mit zwei Esslöffeln Sojasauce, Honig und Chili verrühren. Mit Zucker und Salz würzen.

3 Den gewaschenen Pak Choi der Länge nach achteln und dann halbieren. Die geschälten Möhren und die Zucchini stifteln. Die Frühlingszwiebeln in feine Ringe schneiden. Den geschälten Knoblauch hacken. Die Pilze putzen und in kleine Würfel schneiden. Die Blätter des Korianders abzupfen.

4 Einen Esslöffel Öl in einer Pfanne erhitzen und die Pilze und den Knoblauch darin scharf anbraten. Zum Ablöschen zwei Esslöffel Sojasauce hinzugeben und anschließend auf einen Teller geben.

5 Dieselbe Pfanne nun nutzen, um die Zucchinistifte und die Frühlingszwiebeln mit einem Esslöffel Öl anzubraten. Sind diese fertig, erneut einen Esslöffel Öl erhitzen und die Möhren anbraten, nach zwei Minuten den Pak Choi beimengen.

6 Den Reis auf die Schüssel verteilen, zwei bis drei Esslöffel Dressing darauf verteilen und das Gemüse anrichten. Mit Koriander und Sesam garnieren.

DJUVEC-REIS

4 Port. 30 Min. Leicht

Zutaten

1 Zwiebel
200 g Basmatireis
1 Paprika, rot
2 Knoblauchzehen
2 EL Tomatenmark
2 EL Gemüsebrühepulver
500 ml Wasser
100 ml Ajvar
Pfeffer und Salz
150 g Erbsen

Nährwerte p. P.

552 kcal
Kohlenhydrate: 104 g
Fett: 5 g
Eiweiß: 15 g

1 Den Reis gründlich waschen.

2 Den Reis mit eiskaltem Wasser bedecken und mit den Händen durchrühren. Das trübe Wasser abgießen und das Ganze so lange wiederholen, bis das Wasser nicht mehr trüb wird.

3 Den Reis in einem Topf mit reichlich Wasser zehn Minuten mit geschlossenem Deckel garen.

4 Die geschälte Zwiebel fein würfeln, mit dem Knoblauch dasselbe tun. Die Paprika von den Kernen befreien und in kleine Würfel schneiden. Das Gemüse in heißem Öl dünsten.

5 Das Tomatenmark in die Pfanne geben und dann alles mit 500 ml Wasser ablöschen.

6 Paprika, Ajvar, Pfeffer, Salz und Gemüsebrühe hineinrühren. Die Erbsen dazugeben und zehn Minuten köcheln lassen.

7 Den fertigen Reis untermengen und gut durchrühren.

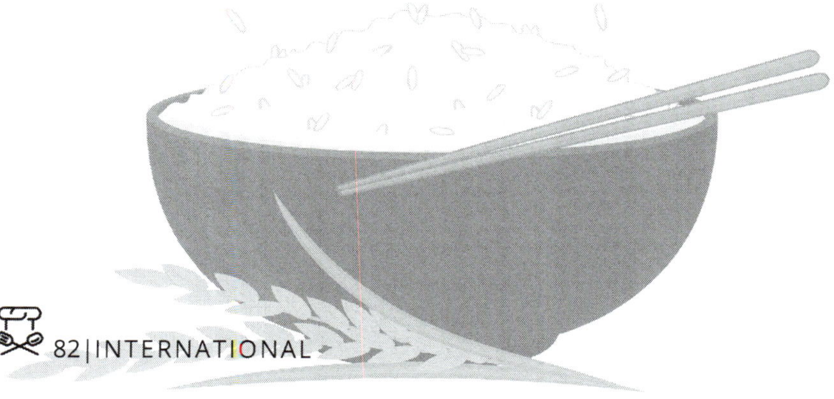

Desserts

REISKUCHEN

16 Stk. 1 Std. Leicht

Zutaten

125 g Zucker
750 ml Milch
100 Mandelkerne, gemahlen
160 g Milchreis
2 Eiweiß:
1 TL Zitronenschale
2 Eier
1 Prise Salz
Puderzucker

Nährwerte p. P.

112 kcal
Kohlenhydrate: 19 g
Fett: 3 g
Eiweiß: 4 g

1 Den Backofen auf 160 ° C Ober-/Unterhitze vorheizen und das Kuchenblech mit Backpapier belegen.

2 Milchreis, Zucker und Milch in einem Top aufkochen lassen. Hierbei ständig umrühren. Die Hitze reduzieren und alles 20 Minuten köcheln lassen.

3 Salz und Mandeln hineinrühren und alles auskühlen lassen.

4 Zitronenschale und Eier hinzufügen.

5 Die Eiweiß:e zu Eischnee schlagen und sehr sacht unter die Reismasse heben.

6 Die Masse auf das Kuchenblech füllen und in das untere Drittel des Backofens schieben. 40 Minuten backen.

7 Den Kuchen vom Blech nehmen und mit Puderzucker bestreuen.

KOKOSREIS MIT MANGO

4 Port.

30 Min.

Leicht

Zutaten

150 g Milchreis
400 ml Kokosmilch
80 Zucker
2 EL Kokosraspeln
½ Mango, gewürfelt

Nährwerte p. P.

1695 kcal
Kohlenhydrate: 284 g
Fett: 55 g
Eiweiß: 11 g

1 200 ml Wasser mit Kokosmilch in einem Topf verrühren. Den Milchreis hinzufügen und alles aufkochen lassen. Die Hitze reduzieren und 20 Minuten garen. Hin und wieder umrühren. Anschließend vom Herd nehmen und den Zucker hineinrieseln lassen. Auskühlen lassen.

2 Ohne Zugabe von Fett die Kokosraspeln in einer Pfanne rösten.

3 Den Reis auf Schüsseln verteilen mit Mangostücken und Kokosraspeln garnieren.

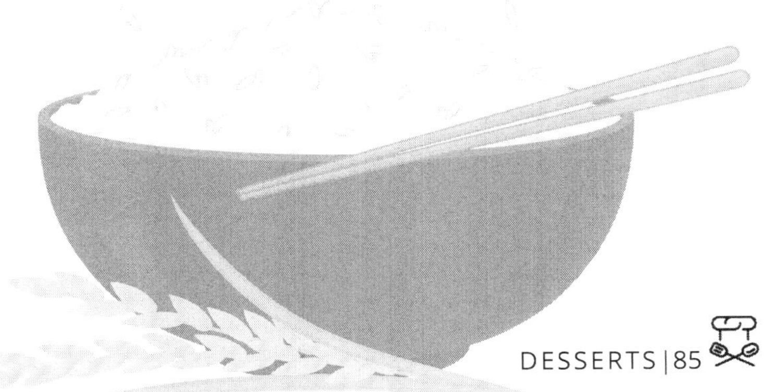

MILCHREIS MIT APFEL-ZIMT-KOMPOTT

4 Port.

1 Std. 20 Min.

Leicht

Zutaten

60 ml Apfelsaft
700 g Äpfel
500 ml Milch
100 g Schlagsahne
125 g Rundkornreis
2 TL Speisestärke
20 g Mandelsplitter
5 Gewürznelken
1 Stange Zimt
1 Pck. Vanillezucker
5 EL Zucker

Nährwerte p. P.

1052 kcal
Kohlenhydrate: 159 g
Fett: 34 g
Eiweiß: 22 g

1 Vanillezucker, Milch, einen Esslöffel Apfelsaft und vier Esslöffel Zucker in einem Topf erhitzen und den Reis dazugeben. Für 30 Minuten köcheln lassen. Hin und wieder umrühren. Die geschälten Äpfel in Viertel schneiden, das Kerngehäuse entfernen und in dünne Scheiben schneiden.

2 Den übrigen Zucker karamellisieren lassen und mit der Hälfte des Saftes ablöschen. Nelken und Zimt hinzugeben. Die andere Hälfte des Apfelsaftes mit der Stärke verrühren und zum Zucker geben. Die Apfelscheiben ebenfalls dazugeben und weichkochen lassen. Anschließend gut auskühlen lassen.

3 Den fertigen Reis in eine Schüssel geben und eine Folie darüberspannen. Die Nelken und die Zimtstange herausnehmen.

4 Die Schlagsahne steifschlagen und sachte unter den Reis heben. Nun Kompott und Milchreis im Wechsel in eine Schüssel verteilen.

5 Abschließend mit Mandelsplittern garnieren.

REISPUDDING

4 Port.

3 Std. 45 Min.

Mittel

Zutaten

Minze

Pudding

250 g Rundkornreis
25 g Stärke
1 Vanilleschote
100 ml Sahne
2 EL Zucker

Orangensauce

3 Orangen
1 EL Ahornsirup
jeweils 1 Prise Zimt und Kardamom
1 TL Speisestärke
50 Pistazien, gehackt

Nährwerte p. P.

535 kcal
Kohlenhydrate: 73 g
Fett: 20 g
Eiweiß: 13 g

1 Zwei Esslöffel Milch mit Zucker und Speisestärke verrühren.

2 Die übrige Milch in einem Topf mit 300 ml Wasser und einer Prise Salz erhitzen.

3 Den Reis dazugeben und unter stetigem Rühren 40 Minuten quellen lassen. Die Hitze hierfür reduzieren. Die Vanilleschote der Länge nach aufschneiden und das Mark herauskratzen. Das Mark und die Schote in den Topf geben. Den Stärke-Mix und die Sahne nach einer halben Stunde hineingeben und nochmals zum Kochen bringen. Erneut köcheln lassen.

4 Die Vanilleschote herausnehmen, den Pudding auf Schälchen verteilen und drei Stunden kühlen.

5 Die Orangenschale abreiben, zwei Orangen gut auspressen, die letzte Orange filetieren. Zwei Esslöffel des ausgepressten Saftes mit Stärke verrühren. Den übrigen Saft mit einer Prise Kardamom und Zimt in einem Topf zum Kochen bringen. Den Stärke-Mix einrühren und einmal aufkochen lassen.

6 Den Ahornsirup in einer Pfanne erhitzen und die Pistazien darin karamellisieren. Die Minze abwaschen.

7 Den Pudding auf Teller stürzen, die Orangenfilets danebenlegen und die Sauce darüberträufeln. Die abgeriebene Orangenschale, Minze und Pistazien darüber verteilen.

REISAUFLAUF MIT KIRSCHEN

4 Port.

1 Std. 10 Min.

Leicht

Zutaten

250 g Milchreis
150 g Kirschen
1 Pck. Vanillezucker
80 g Zucker
60 g Butter
4 Eier

Nährwerte p. P.

995 kcal
Kohlenhydrate: 150 g
Fett: 35 g
Eiweiß: 18 g

1 Den Backofen auf 180 °C Ober-/Unterhitze vorheizen. Eine Auflaufform einfetten. Die Milch erhitzen und den Reis mit Butter, Zucker und Vanillezucker hineinrühren. 15 Minuten köcheln lassen, hin und wieder umrühren.

2 Die Eier trennen und das Eiweiß: steif schlagen. Die gewaschenen Kirschen entkernen.

3 Das Eigelb mit dem Milchreis verrühren und abkühlen lassen. Den Eischnee vorsichtig unterheben und die gesamte Masse in die Auflaufform schütten. Die Kirschen darauf verteilen und für 40 Minuten backen.

REISCREME MIT APFELKARAMELL

 6 Port.

 50 Min.

 Leicht

Zutaten

2 Beutel Zitronenverbenentee
Butter zum Einfetten
150 g Rundkornreis
500 ml Milch
1 Prise Salz
200 g Schlagsahne
2 EL Zitronensaft
4 Blätter Gelatine
1 Apfel
100 g brauner Zucker

Nährwerte p. P.

320 kcal
Kohlenhydrate: 43 g
Fett: 13 g
Eiweiß: 7 g

1 Die Milch in einem Topf zum Kochen bringen, die Teebeutel damit übergießen und zehn Minuten ziehen lassen. Sechs Formen oder Tassen einfetten und mit Zucker einstreuen. Die Teebeutel entfernen. Die Tee-Milch mit 50 g Zucker und der Prise Salz zum Kochen bringen. Den Reis dazugeben, die Hitze reduzieren und den Reis eine halbe Stunde quellen lassen. Den geschälten Apfel in Viertel schneiden, das Kerngehäuse herausschneiden, die Apfelstücke würfeln und Zitronensaft darüberträufeln.

2 Den übrigen Zucker in einer Pfanne karamellisieren lassen. Die Äpfel hineingeben und alles gut verrühren. Diese Äpfel in die eingefetteten Formen geben. Die Gelatine in kaltes Wasser legen und einweichen lassen. Das Wasser ausdrücken und mit dem Milchreis verrühren. Den Reis abkühlen lassen. Sobald der Reis geliert, die Schlagsahne steif schlagen und vorsichtig unterheben.

3 Die Reiscreme in die Formen auf die Äpfel geben und hart werden lassen. Damit sich das Ganze stürzen lässt, die Form unter heißes Wasser heben.

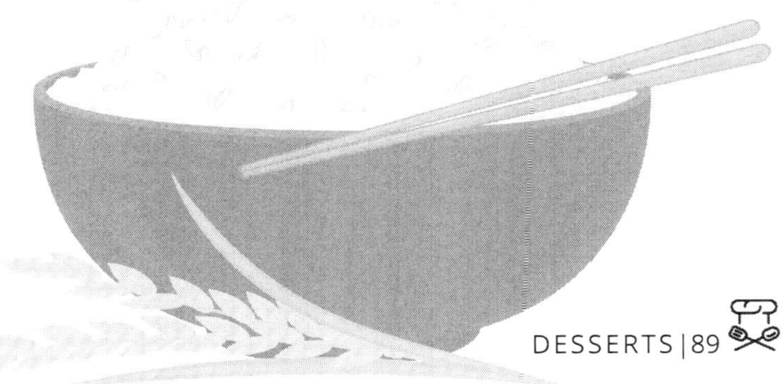

ORANGEN-REISCREME

4 Port. | 50 Min. | Leicht

Zutaten

1 Prise Salz
180 g Langkornreis
180 ml frisch gepresster Orangensaft
½ TL Speisestärke
100 g Zucker
3 Eier
250 g Erdbeeren
100 g Sahne
Schale und Saft von 1 Zitrone

Nährwerte p. P.

851 kcal
Kohlenhydrate: 138 g
Fett: 22 g
Eiweiß: 23 g

1 Den Reis waschen und in kochendes Wasser geben. Zehn Minuten weichkochen und anschließend abkühlen lassen.

2 Speisestärke, Zucker und Eier verrühren. Zitronensaft, Zitronenschale und Orangensaft unterrühren und über einem heißen Wasserbad cremig schlagen.

3 Den Reis zur Ei-Masse geben und die Sahne steif schlagen. Vier Esslöffel der Sahne in den Kühlschrank stellen. Die übrige Sahne vorsichtig unter die Reiscreme heben.

4 Die Creme auf Schälchen verteilen und diese für 15 Minuten kaltstellen. Die Erdbeeren fein würfeln und die Creme mit einem Tupfer Sahne und Erdbeeren garnieren.

RHABARBER-REISCREME

4 Port.

45 Min. + 5 Std. Kühlzeit

Mittel

Zutaten

Saft einer Zitrone
300 g Rhabarber
125 ml Wasser
50 g Basmatireis
3 Blatt Gelatine
150 g Joghurt
125 ml Schlagsahne
50 g Zucker

Sauce
20 g Zucker
100 g Rhabarber
½ EL Speisestärke
70 ml Blutorangensaft

Nährwerte p. P.

297 kcal
Kohlenhydrate: 37 g
Fett: 14 g
Eiweiß: 4 g

1 Die Enden des Rhabarbers entfernen und die Haut der Rhabarberstangen abziehen. Anschließend in 1 cm breite Stücke schneiden.

2 Zucker, Zitronensaft, Rhabarber und Wasser in einem Topf vermengen, zum Kochen bringen und anschließend bei geringer Hitze zwei Minuten köcheln lassen. Den Topf zur Seite stellen und das Ganze fein pürieren. Danach noch durch ein Sieb streichen und diese Sauce erneut zum Kochen bringen. Den Reis einrühren und die Hitze wieder reduzieren. Alles ca. 25 Minuten köcheln lassen.

3 Die Gelatine in kaltes Wasser einweichen und das Wasser herauspressen. Den Reis in eine Schüssel geben und die Gelatine in den heißen Reis geben. Den Reis ein wenig auskühlen lassen.

4 Die Sahne steif schlagen. Den Joghurt unter die Reismasse rühren und danach die steife Sahne vorsichtig unterheben. Diese Masse in vier Förmchen füllen und Frischhaltefolie darüberspannen. Fünf Stunden im Kühlschrank kühlen.

5 Den Rhabarber für die Sauce ebenfalls putzen, häuten und in Stücke schneiden. In einer Pfanne den Zucker unter stetigem Rühren karamellisieren. Den Orangensaft zum Ablöschen dazugießen und nochmals kochen lassen. Zwei Esslöffel kaltes Wasser mit Speisestärke verrühren und zur Sauce geben. Erneut unter ständigem Rühren zum Kochen bringen. Nun die Rhabarberstücke dazugeben, alles einmal aufkochen lassen und die Pfanne zum Auskühlen vom Herd nehmen.

6 Die Förmchen aus dem Kühlschrank nehmen, unter heißes Wasser heben und auf die Teller stürzen. Mit der Sauce übergießen.

ORIENTALISCHE REISCREME

4 Port. 45 Min. Mittel

Zutaten

Creme

4 g Vanilleschoten
400 ml Milch
1 g Sternanis
50 g Zucker
15 g Ingwerscheiben
1 Lorbeerblatt
100 g Milchreis
5 g rote Chilischoten
4 Blatt Gelatine
2 cl Orangenlikör
70 g Eiweiß:
1 TL Zimtsplitter
1 TL Kardamomkapseln
jeweils 1 TL Orangenschale und Zitronenschale
100 ml Sahne
Salz

Dekoration

290 g Orangen
200 g Datteln
1 EL Pistazien
1 EL Olivenöl
Minzblätter
Pfeffer

Nährwerte p. P.

1034 kcal
Kohlenhydrate: 155 g
Fett: 32 g
Eiweiß: 23 g

1 Den Backofen auf 170 °C Ober-/Unterhitze vorheizen. Die Milch in einen feuerfesten Topf geben und diese aufkochen. Die Vanilleschote der Länge nach aufschneiden und das Vanillemark herauskratzen. Ein Drittel des Zuckers, Anis, Lorbeerblatt, Vanillemark, Chili und Ingwer zur Milch hinzufügen. Den Milchreis einrühren, den Deckel auflegen und für 30 Minuten in den Backofen geben. Hin und wieder umrühren.

2 Den fertigen Milchreis in eine Schüssel geben und die Gewürze herausfischen. Den Reis abkühlen lassen.

3 Die Gelatine in kaltes Wasser einlegen. Den Orangenlikör in einen Topf geben und erhitzen. Das Wasser aus der Gelatine drücken und im Likör zergehen lassen. Anschließend unter den Reis heben. Kardamom und Zimt vermengen, klein mahlen und den Reis damit abschmecken.

4 Den übrigen Zucker mit einer Prise Salz und Eiweiß: zu Eisschnee schlagen und mit Orangenschale und Zitronenschale unter die Reiscreme heben. Die Sahne schlagen und auch unter den Reis heben. Diese Masse in Gläser füllen und für 30 Minuten in den Kühlschrank stellen.

5 Die Datteln häuten, durchschneiden und die Steine entfernen. Die Datteln dann nochmals klein schneiden. Die Orange filetieren, die Minze waschen.

6 Pistazien, Orangenfilets und Datteln auf der Reisecreme verteilen. Pfeffer darüber mahlen, Olivenöl darüberträufeln und mit den Minzblättern dekorieren.

Getränke

REISMILCH

1 l. 45 Min. Leicht

Zutaten

1 ½ l Wasser
1 l lauwarmes Wasser
100 g Langkornreis
Prise Vanillepulver
Prise Salz
4 Datteln

Nährwerte p. P.

349 kcal
Kohlenhydrate: 78 g
Fett: 1 g
Eiweiß: 1 g

1 Den Reis gründlich waschen. Anschließend in 1 ½ l Wasser garen, abseihen und in einen Mixer geben.

2 Vanille, lauwarmes Wasser, Salz und Datteln ebenfalls in den Mixer geben und ganz fein pürieren. Die Milch in eine Flasche füllen und abkühlen lassen.

3 3 - 4 Tage haltbar.

BEERIGES REISGETRÄNK

4 Port. 3 Std. 5 Min. Leicht

Zutaten

Sie benötigen hierfür einen Milk Maker oder Mixer
50 g TK-Beeren
350 ml Reismilch
30 g Agavensirup

Nährwerte p. P.

148 kcal
Kohlenhydrate: 30 g
Fett: 2 g
Eiweiß: 1 g

1 Alle Zutaten in die Mischkammer geben.

2 Mit Hilfe der Menütaste das Programm Milkshake oder alles in einen Mixer geben- einstellen und das Getränk drei Minuten zubereiten.

3 Kalt servieren.

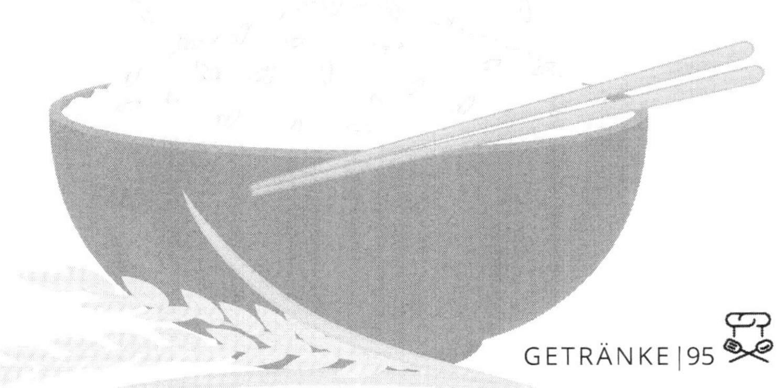

SAKE COCKTAIL

2 Port.

1 Std. 10 Min.

Leicht

Zutaten

20 g Basmatireis
½ Limette
50 ml Maracujasaft
150 ml Guavensaft
1 cl Wodka
3 cl Sake
20 g Eiweiß:

Nährwerte p. P.

66 kcal
Kohlenhydrate: 11 g
Fett: 1 g
Eiweiß: 2 g

1 Den Reis ohne Zugabe von Fett in einem Topf braun werden lassen. Die Hitze dann ausschalten und den Reis mit Maracujasaft und Guavensaft ablöschen. Eine Stunde ziehen lassen.

2 Den Inhalt des Topfes durch ein Sieb passieren.

3 Den Reisfond in einen Shaker geben und mit Wodka, Eiweiß:, Limettensaft und Sake aufgießen. Eiswürfel hineingeben und alles kräftig durchschütteln.

4 Auf Cocktailgläser verteilen.

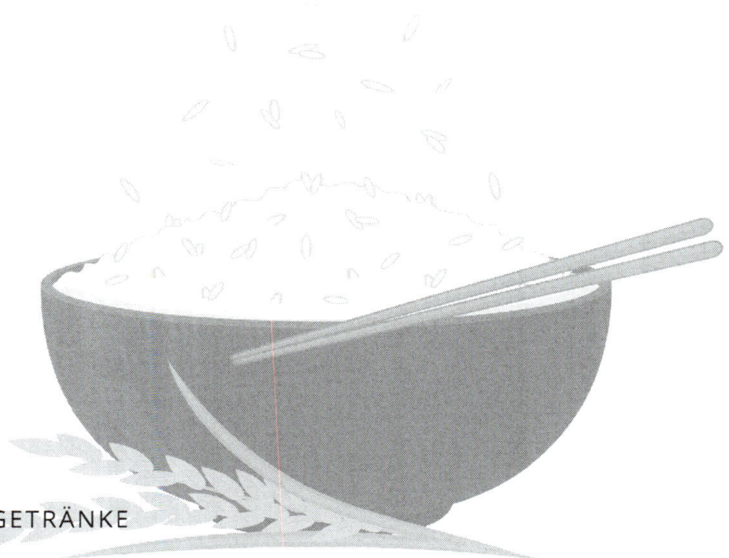

ERDBEER-MILCHREIS-DRINK

5 Port.

15 Min. + 12 Std. Kühlzeit

Mittel

Zutaten

200 g Reis
1 l Wasser, kalt
1 Vanilleschote
1 Zimtstange
100 g Mandelsplitter
150 g Erdbeeren
300 ml Kokosmilch
Zimtpulver
Rohrzucker
Eiswürfel

Nährwerte p. P.

341 kcal
Kohlenhydrate: 19 g
Fett: 24 g
Eiweiß: 7 g

1 Das Wasser mit der Zimtstange, den Mandeln und dem Reis in einem Topf über Nacht einweichen lassen.

2 Die Zimtstange herausnehmen und den Rest pürieren. Die entstandene Masse durch ein sehr feines Sieb gießen und darunter den Rest auffangen.

3 Die gewaschenen Erdbeeren vom Strunk befreien, eine Handvoll Erdbeeren zur Seite legen. Die übrigen Erdbeeren zur Reismilch geben und mit Zucker und Zimt abschmecken. Erneut pürieren.

4 Die anderen Erdbeeren klein schneiden und ebenfalls in die Milch geben.

5 Die Erdbeermilch für eine Stunde im Kühlschrank durchziehen lassen.

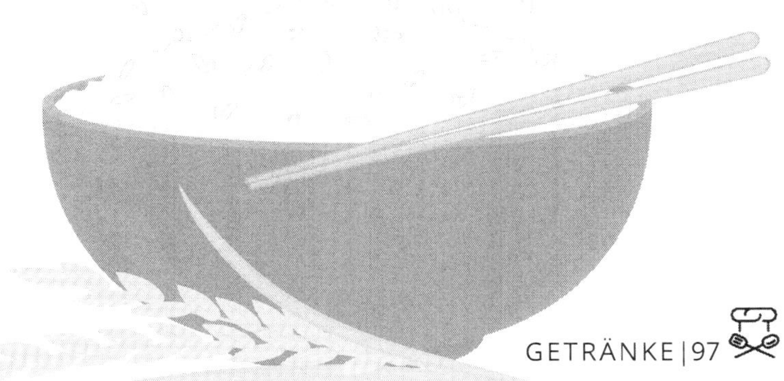

KOKOS-REIS-DRINK

1 l. 33 Min. Leicht

Zutaten

100 g Reis, gekocht
100 g Kokosraspeln
Prise Salz
2 Datteln
800 ml Leitungswasser

Nährwerte p. P.

787 kcal
Kohlenhydrate: 37 g
Fett: 62 g
Eiweiß: 8 g

1 Den Reis nach Anweisung zubereiten und abkühlen lassen.

2 Ohne Zugabe von Öl die Kokosraspel in einer Pfanne rösten.

3 Die Datteln entkernen und diese dann mit Reis und Kokosflocken in einen Mixer geben. Mit Wasser angießen eine Prise Salz darübergeben und pürieren.

4 Den Drink abkühlen lassen.

HORCHATE – REISMILCH MIT ZIMT

4 Port.

15 Min. + 3 Std. Kühlzeit

Leicht

Zutaten

5 Tassen Wasser
1 Tasse Reis
1 Vanilleschote
1 Zimtstange
¾ Tasse Mandeln, blanchiert
1 EL Agavendicksaft
¼ Tasse Kokosmilch
Zimt
Eiswürfel

Nährwerte p. P.

284 kcal
Kohlenhydrate: 34 g
Fett: 12 g
Eiweiß: 5 g

1 Die Zimtstange in Stücke brechen und diese mit den Mandeln und dem Reis vermengen.

2 Das Wasser in einem Topf zum Sieden bringen und anschließend über die vorher vermengte Mischung gießen. Abdecken und für drei Stunden in den Kühlschrank stellen.

3 Das Ganze sehr fein pürieren. Danach durch ein Sieb streifen und die Flüssigkeit auffangen.

4 Die Vanilleschote der Länge nach halbieren, das Mark herauskratzen und gemeinsam mit dem Agavendicksaft und der Kokosmilch zur Reis-Mandel-Milch geben.

5 Mit Eiswürfeln servieren.

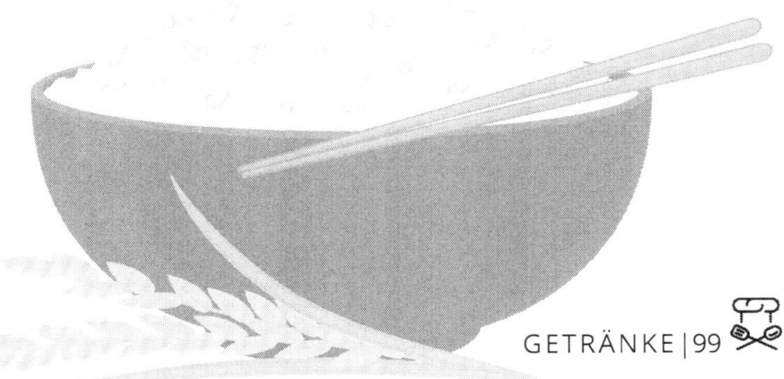